▪ 中央高校基本科研业务经费专著出版资助项目（项目编号：JBK2104001）
▪ 教育部人文社会科学研究一般项目（项目编号：21YJC790161）

# 共享发展视域下
# 中国税收制度再分配效应研究

GONGXIANG FAZHAN SHIYU XIA
ZHONGGUO SHUISHOU ZHIDU ZAIFENPEI XIAOYING YANJIU

张 楠 ◎ 著

西南财经大学出版社
Southwestern University of Finance & Economics Press
中国·成都

图书在版编目（CIP）数据

共享发展视域下中国税收制度再分配效应研究/张楠著 . —成都:西南财经
大学出版社,2022. 8
ISBN 978-7-5504-5460-6

Ⅰ.①共…　Ⅱ.①张…　Ⅲ.①税收制度—研究—中国　Ⅳ.①F812.422

中国版本图书馆 CIP 数据核字（2022）第 130656 号

### 共享发展视域下中国税收制度再分配效应研究

张楠　著

策划编辑:王甜甜
责任编辑:李特军
责任校对:陈何真璐
封面设计:何东琳设计工作室
责任印制:朱曼丽

| | |
|---|---|
| 出版发行 | 西南财经大学出版社（四川省成都市光华村街 55 号） |
| 网　　址 | http://cbs. swufe. edu. cn |
| 电子邮件 | bookcj@ swufe. edu. cn |
| 邮政编码 | 610074 |
| 电　　话 | 028-87353785 |
| 照　　排 | 四川胜翔数码印务设计有限公司 |
| 印　　刷 | 郫县犀浦印刷厂 |
| 成品尺寸 | 170mm×240mm |
| 印　　张 | 10. 75 |
| 字　　数 | 198 千字 |
| 版　　次 | 2022 年 8 月第 1 版 |
| 印　　次 | 2022 年 8 月第 1 次印刷 |
| 书　　号 | ISBN 978-7-5504-5460-6 |
| 定　　价 | 68. 00 元 |

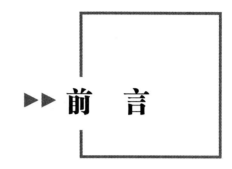

# ▶▶ 前　言

　　1978 年中国开启的渐进式市场化改革创造了经济增长奇迹，人民生活水平与福利水平得到大幅度提高，反贫困事业取得巨大成就。但是，经济增长带来的成果并不能自动惠及所有群体，收入分配不公现象仍然存在，不断扩大的收入分配差距给经济发展和社会和谐稳定带来了巨大挑战，严重威胁到社会秩序。为了缩小居民收入差距，增进社会公平，缓和各利益群体在经济增长和收入分配过程中的利益冲突与社会矛盾，中国政府提出了"共享发展"理念，通过出台一系列财税政策实现收入再分配。财政再分配政策分为税收政策和公共支出，税收政策是政府顺利实现收入再分配职能的财力保障，是政府调节公共支出的先决条件。但是，中国税收制度调节收入差距的客观功能没有得到应有的发挥，甚至引发逆向调节机制，扩大了居民的收入分配差距。在中国社会经济转型的背景下，税收制度在收入再分配过程中的政策效应究竟如何？影响税收制度发挥再分配功能的根源是什么？如何有效地发挥税收的再分配功能，逐步扭转收入分配差距不断扩大的趋势，促进社会公平正义，维护社会稳定？本书沿着"理论研究──制度研究──实证研究──对策研究"的技术路线，综合运用文献研究与资料检索、规范分析、实证分析等多种研究方法，从以下几个方面对上述问题进行了深入研究。

　　第一，客观分析并评价居民收入分配不平等状况。近十年来，城乡之间居民收入差距持续扩大，相较于城镇居民，农村居民内部收入不平等程度更高。地区间发展不平等造成的工资收入水平差距是人口流动的主要原因。从农村到城市，从西部欠发达地区到东部沿海发达地区，流动人口收入增长缓慢，其主要进行个体经营，从事低端服务业。行业之间收入差距大，垄断行业收入水平高，高管与普通员工的薪酬差距不断扩大。

第二，全面剖析转型期中国社会经济制度与税收再分配的内在联系。社会经济结构是税收制度运行的外部基础，不平衡发展格局、经济分权政治集权、属地化行政管理传统以及人情至上的关系型社会合约履行模式等特征弱化了税收再分配功能。税制改革更多是以增加税收和提高经济效率为导向，税收再分配的政策工具不足。这些社会经济特征与税收制度缺陷成为政府间财力失衡、税收洼地、税收资源配置失效等问题的制度性根源，直接或间接影响了税收再分配功能的发挥。

第三，对间接税累进性、MT 指数及代内归宿进行测算。利用投入产出模型计算各行业的间接税负担，匹配微观调查数据的家户支出分类，估计家庭承担的间接税负担，得到间接税的累进性指数和家庭收入再分配效应，捕捉家庭内部不同年龄段个体分别承担的税负。结果显示，间接税的 $K$ 指数为负数，具有累退性，低收入家庭的间接税负担率远大于高收入家庭的间接税负担率。虽然间接税对收入再分配起到了逆向调节作用，但负向效应并不大，利用 MT 指数测算发现，间接税使得居民收入基尼系数上升了 1% 左右。间接税的代内分配表现出明显的不平等，18 周岁以下居民的间接税负担是 18~60 周岁居民的 40% 左右，60 周岁以上居民的间接税负担接近 18~60 周岁居民的 60%。可以说，如果不逐步改变以间接税为主体的税收制度结构，单纯依靠调整个别税种来缩小居民收入分配差距，只能产生微弱效果。

第四，构建一种基于年龄调整的基尼系数，利用家庭等值规模调整方法，分别测算了同龄人之间的收入不平等与家庭收入差距，同时进一步考察了个人所得税与社会保险费的再分配效应。研究显示：样本个人收入基尼系数为 0.45，经过年龄调整后的基尼系数为 0.47，家庭收入基尼系数为 0.44，同龄收入差距更大，家庭收入差距略微缩小。个人所得税的收入分配调节功能不强，对个体收入和家庭收入的再分配效应约为 1.17% 和 1.9%，将社会保险费纳入后，"大口径"个人所得税对个体、家庭的收入再分配效应达到 1.85% 和 2.7% 左右。与发达国家相比，我国个人所得税的累进性程度并不低，收入分配差距调节功能弱的主要原因是个人所得税的平均税率过低。

第五，政府通过企业所得税获取企业部分利润，间接影响居民工资收入。由于企业内部的代理问题，企业所得税的税收规避行为会传导到公司高管与普通员工收入分配差距上。在关系型社会合约履行模式下，政府行为在资源配置中扮演着重要角色，影响着企业所得税税负。基于 2005—2013 年沪、深两市非金融业上市公司的数据，从地方政府换届角度入手，探讨官员政治晋升、企业政治关联以及风险不确定性对企业避税的影响。研究发现：地方政府换届会增大税务机关的税收征管力度，企业税收规避程度将会降低。造成这一现象的主要原因有两个：一是在政治关联失效与政治晋升激励驱动下新任官员会加强税收征管力度；二是企业面对地方政府换届引发的政策、市场和政治风险不确定性时会采取谨慎的避税行为。

第六，提出增强税收再分配功能的对策建议。以完善社会经济结构为基础，改善税收系统发挥再分配功能的外部环境。同时，规范和调整税制结构，实现从以间接税为主体的税制向以直接税为主体的税制的结构转变。降低宏观税负，缩小非税收入规模，让更多低收入群体从中受益。适时开征房产税、遗产与赠与税，增加高收入群体纳税比重。加强税收征管制度建设，改变税务部门对隐性收入、灰色收入难以监管的现状，减少关系型社会规则对税收征管工作的干预。

张楠

2022 年 1 月

# ►► 目录

共享发展视域下中国税收制度再分配效应研究

# 1 | 导论

## 1.1 研究背景与意义

### 1.1.1 问题的提出

1978 年中国开启的渐进式市场化改革，打破了平均主义时期公社和工厂的无效率状态，引入市场经济的收入激励机制。私人部门与公共部门、市场机制与政府机制共同发挥配置资源和调节收入的作用，推动我国经济持续 30 多年以 10% 左右的速度增长，国内生产总值于 2010 年超过日本，跃居世界第二，改善了大部分人口的生活状况与福利水平。然而，一些发展中国家的实践证明，经济增长难以通过涓滴效应自发地惠及所有群体（世界银行，2006）。中国经济运行的制度背景更加特殊，在转型时期社会经济状况复杂，呈现出"富者越富，穷者越穷"的马太效应。小部分特殊的利益群体利用政治关系网络、薄弱的法律制度和不明确的产权，通过给官员输送利益在国有企业改制、拿地审批、企业避税、矿产经营等过程中获取私人利益，造成部分腐败、寻租丛生的社会经济环境。20 世纪 90 年代初期国有企业改革引发的"下岗潮"，使得大量中青年群体重新进入劳动力市场，这个群体在市场化工资契约谈判中处于劣势地位。同时，企业提供社会保障的制度解体，取而代之的是失业保险、医疗保险和养老计划等以政府为主导的社会保障制度。但是，这些制度主法滞后，覆盖不全面，在实际运作中存在缺陷。随着农村地区的工业化和人口流出，农村居民收入增加，但是，城乡收入差距并没有随着市场化改革而缩小（世界银行，2013），户籍等社会分割制度和诸多城市偏向性制度安排，依然制约着农村居民收入的增加。2000—2007年，60%的中低收入群体占有的资源逐年下降，而20%的高收入群体占有的资源急剧上升（Ravallion & Chen，2007）。中国居民间收入不平等状况加剧，中国被视为亚洲收入最不平等的国家之一（亚洲开发银行，2007）。居民收入分配差距呈现不断扩大的趋势，居民收入基尼系数从20世纪80年代初的0.3上升到2012年的0.49，家庭财产基尼系数从1995年的0.45扩大到2012年的0.73，大大超过0.4的收入差距国际警戒线（李建新，2015）。

收入差距的扩大和收入分配领域的失衡，降低了居民的主观幸福感，造成一种"相对剥夺感"（Easterlin et al.，2012）。社会隧道效应变弱，使得公众对贫富分化和不公平现象格外敏感，逐渐演变为社会的集体焦虑，很容易成为社会不稳定的导火索。2008年席卷全球的金融危机爆发，享受地位官员化与薪酬市场化的国有企业高管成为媒体关注焦点。一些国有企业在出现亏损时，高管待遇不降反升，这种"穷了寺庙、富了方丈"的做法使得国有企业高管薪酬问题更加尖锐，反映出严峻的收入不平等状况。在超高速增长面临停滞、经济新常态的背景下，收入分配不平等与贫困交错叠加，日益成为多重社会矛盾与风险的重要根源。为了缩小居民收入差距，缓和社会矛盾，中国政府出台了一系列财税政策发挥再分配功能。例如，推行种粮直补、取消农业税等支农政策，提高农民收入水平；推行结构性减税、提高个税免征额，减轻中低收入者税负；增加民生性支出，借助低保政策、免除义务教育学杂费等公共政策提高所有社会群体的生活水平。然而，一些研究表明，许多发展中国家的财税政策不仅没有发挥应有的再分配功能，反而加剧了收入不平等（Smeeding，2006）。

政府财政再分配政策可以分为税收和公共支出两种手段，税收政策是政府发挥收入再分配职能的财力保障，是政府调节公共支出的先决条件。对实现社会公平和收入再分配目标，税收政策具有不可推卸的责任。随着经济持续高速增长和相应的经济结构与财政结构变化，税收持续累进增长的内生机制直接或间接地抑制了劳动收入增长、居民收入增长和地方财政增长，劳动收入与居民收入增长缓慢、基层财政普遍比较困难等问题日渐突出。税收制度在收入分配中的失衡问题由来已久，并日益显性化，主要表现为：①政府税收与居民收入失衡，政府税收超经济增长、居民收入低经济增长；②中央税收与地方税收失衡，基层财政困难，直接影响通过税收转化而来的地区间公共品供给数量与质量以及人力资本积累，间接影响地区间的居民收入能力生成；③税负结构失衡，以商品服务税为主的税制结构，税收含在价格中，具有累退性质，不论居民收入、消费及财产能力高低，只要购买消费同样的商品或服务，就要承担相同的商品服务税，这对低收入者极为不利；④税收在居民间的分配失衡，个人所得税按照个人收入实行分类计征，未考虑家庭规模和结构，企业所得税因政策偏袒和政治关联等人为因素在企业间负担不公平，造成非市场的企业收入不平等，进而影响不同企业间的居民收入、企业内部高管与普通职工的收入。

中国税收制度调节收入差距的客观功能没有得到应有发挥，甚至引发逆向调节机制，加剧了居民收入不平等。在中国制度转型背景下，税收制度在收入再分配过程中的政策效应究竟如何；影响税制发挥再分配功能的根源是什么；如何有效地发挥税收的再分配功能，逐步扭转收入分配差距不断扩大的趋势，促进社会公平正义，维护社会稳定是中国当前乃至今后更长一段时期面临的艰巨任务。

## 1.1.2　研究意义与价值

党的十六大提出"加强政府对收入分配的调节职能"，党的十七大报告提出"再分配更加注重公平"，党的十八大报告则进一步指出"初次分配和再分配都要处理好效率和公平的关系，再分配更加注重公平"，都强调了政府再分配政策在缩小居民收入分配差距、实现共享发展中的重要地位。"十三五"规划纲要要求完善收入再分配的税收政策，提出"加快建立综合和分类相结合的个人所得税制度；将一些高档消费品和高端消费行为纳入消费税征收范围；完善鼓励回馈社会、扶贫济困的税收政策；推出税收递延型养老保险"。可见，客观评估居民收入分配差距，测度税收制度的收入再分配效应，设计实现税收系统再分配的制度技术路径，具有重要的实践价值和现实意义。

（1）有利于丰富现有的税收再分配理论。中国大多数关于税收再分配优化设计的研究，遵循着西方发达国家的"最优所得税"理论。中国兼具转型国家和发展中国家双重特征，社会制度背景和财政税收体制具有独特性。例如，中国是以间接税为主体的税制结构，所得税在整个税收系统乃至财政收入中的地位与作用不如西方发达国家。个人所得税在政府税收收入中，只占7%左右，企业因产权、所属地、行业等不同，享受不同企业所得税优惠，使得所得税在调节收入分配上功能有限。因此，"最优所得税"理论并不指导中国政府再分配工具中税收制度的改进方向，在中国特殊的制度环境下，研究税制的收入再分配问题，可以丰富现有的理论。

（2）属地化的行政管理传统、长期形成的不平衡发展格局、人情至上的关系型合约形式以及强政治激励的地方经济增长模式，阻碍着税收发挥再分配功能。先从制度层面改善政府再分配工具实施的外部环境，再从政策技术上完善税收制度的再分配功能，有助于中国政府进行户籍制度改革，开展精准扶贫工作，长期来看，对政府职能转变和构建规则型社会治理方式都具有借鉴意义。

（3）揭示税收政策传导和作用于居民收入不平等的影响机制和路径，有利于优化财政体制。从宏观层面研究和设计有效的税收再分配政策，有助于完善政府财政体制，提高收入再分配政策的效率与精准性。从微观层面研究税收政策在整个再分配过程中对个人、家庭以及企业行为选择的影响，有助于帮助政府借助税收政策来改善社会收入分配状况，更好地实施精准扶贫。

## 1.2　文献回顾与评述

近年来，收入分配问题已成为国内政策研究重点关注的一个方面；但是，已有的大量研究主要集中于分析初次分配领域，如关注居民收入增长缓慢、行业之间收入差距较大等，对税收再分配领域关注却不多。现有研究存在四个方面缺陷：一是分析某一类特定税种对收入再分配的效应，如个人所得税、间接税等，这类研究是必要的，但未能将各项税收政策纳入一个框架内分析，缺乏整体性；二是直接探讨税收政策与收入不平等的关系，这一思路往往又忽视了初次分配中的收入不平等效应，夸大税收的再分配作用；三是强调分析税收再分配效应，忽视中国的制度背景和税收制度本身存在的问题可能对收入再分配产生阻碍作用；四是忽视政府官员"理性人"假设，未考虑到税收再分配政策在执行过程中也可能出现路径偏失。

### 1.2.1　税收再分配理论的研究

税收作为政府再分配的重要工具，其公平性一直是财政理论研究的经典问题。在国外，亚当·斯密（1776）最早对税收公平进行了系统的定义，他认为一国国民都应当在可能的范围内，按照各自的能力缴纳税赋，维护政府，并将公平作为税收的首要原则。后续众多西方学者经过认真研究后，认为税收公平就是要使纳税人承担的税负与其经济能力相适应。税收公平具体又可以分为"横向公平"与"纵向公平"两方面，即以同等的方式对待同等情况下的人，对不同条件的人必须区别对待。

税收公平与效率既联系紧密又相互对立，当一次总付税在现实中无法实施的时候，各国政府在设计征税方式与税制结构的过程中均会面临公平与效率之间的权衡，对税收公平性的考察就是指要对税收对经济效率的影响进行分析。Ramsey（1927）认为最优商品税率应当使得其所造成的超额负担最小，在一个代表性消费者的理论模型中，他提出对商品课税的"Ramsey 规则"和"反弹性法则"，即税率的设定应当使征税前后消费者的消费结构与生产者的生产结构保持相对不变；并且最优商品税率应当与该商品的需求弹性成反比。但 Ramsey 的理论模型缺乏对公平的深入考虑，因为通常我们认为生活必需品是缺乏弹性的，可能会使穷人负担的税收高于富人。Stern（1987）针对 Ramsey 理论模型的缺点，就商品的收入分配特征建立了包含公平特征的模型，提出对于低收入者尤其偏好的商品应当设置较低的税率，对于高收入者尤其偏好的商品征收重税。Diamond 和 Mirrlees（1971）扩展研究了多个代表性消费者的情形，进一步考虑了公平因素，提出了效率与公平并重的最优商品税公式，其结论认为商品税率的高低与需求交叉弹性成反比，对社会边际效用较低的商品征收重税，而对企业中间商品免税。

随着理论的进一步发展，一些学者开始在异质性偏好的设定下研究税收公平性问题。Cremer 等（2001）首次在个体初始禀赋不同的情况下讨论了效率与公平视角下的最优商品税，他并没有得到与 Atkinson 和 Stigliz（1976）相同的结论。随后，Saez（2004）在工作选择模型中发现，当劳动类型能完全替代和劳动类型可观察性这两个假设被放松之后，最优税制理论的三个结论，即税制公式结果、生产效率和 Atkinson-Stiglitz 理论是成立的。从直观上看，在长期或职业选择模型中，与 Stiglitz（1982）的模型相比，Saez 在提高了低技术工人工资的间接税后，会使得高技术工人流向低技术部门。间接税并不会比非线性所得税更有效率，同时也不会帮助政府改善福利，再分配应该只通过直接所得税来达成。Kaplow（2006）在前人研究的基础上进一步扩宽了条件，分析认为无论是不是最优所得税，差别税率的商品税对社会福利都不是最优的。Fleurbaey 和 Maniquet（2006）分析了个体在具有不同技术水平、异质性消费和闲暇偏好下，基于效率和公平准则的最优税收和收入分配政策问题，认为最优的税收在于给予那些技术更低而劳动时间更长的个体更多的补贴。Belan 等（2008）鉴于以往研究对税制累进程度与收入分配效果关系具有不同的结论，通过对税制累进性指数进行分解，以标准化税率与名义税率度量收入分配效果。Mankiw 等（2009）从收入再分配视角分析了最优税收期限，认为相对于关注纳税人的纳税时期长度，税制应更加关注工资水平，应该对长时期纳税人课以相对更高的税收。Jacobs 和 Boadway（2014）在最优非线性所得税的条件下分析了最优线性商品税，认为在线性商品税下无法实现税收结构的最优。Boadway 和 Song（2016）指出，Atkinson-Stiglitz 理论认为如果实行了最优的非线性所得税，那么差异化的商品税就没有必要推行。即使商品之间的需求收入弹性存在显著差别，收入再分配的目标也能实现。除此之外，Devereux 和 Griffith（2003）直接说明由于等量税收增加给富人带来的效用损失低于穷人，因而累进性的税收是有意义的。Pippin（2006）通过实证和模拟分析，认为税收占 GDP 比重、所得税之外的税收收入占全部税收的比重与一国收入不平等程度相关。

国内相关研究主要集中于实证检验我国税制的公平性和再分配效应。例如，高培勇（2011）认为我国以流转税为主体的税制结构不利于收入再分配。岳希明等（2014）运用我国具有全国代表性的住户调查数据和资金流量表，利用传统的税收归宿分析方法，从实证的角度分析了我国国家层面的税收归宿，研究发现：中国的税制在整体上具有累退性，虽然个人所得税等具有累进性的直接税削弱了间接税的累退性，但在我国间接税占主要税种的条件下，具有累进性的直接税不足以抵消间接税的累退性。同时我国税制的累退性在城乡之间也存在较大差距。具体来说，税收在农村的累退性要高于城市，其原因主要有两个：一是农村地区收入水平较低，间接税的累退性得以充分体现；二是我国大部分农村地区几乎不缴纳个人所得税，因此没有所得税的累进性来抵消间接税的累退性。卢盛峰等（2015）借鉴亲贫性增长理论，构建了税制"亲贫性"测度指标，定量研究在现行税制下我国各税种实际税负在地区间的分配情况；并通过年度间计算结果的横向和纵向比较来考察税制改革对税收再分配效应的影响。该文通过对 1998—2011 年我国县市一级的数据进行实证研究发现，在税收绝对规模上，贫困地区和低收入地区负担了我国大部分的农业税、营业税和非税收入，个人所得税税负在不同地区之间的分配大致均衡，而增值税、城市维护建设税、企业所得税和契税税负更多的则是由经济发展水平较高的地区承担。随着我国税制改革的不断推进，作为我国四大税种的增值税、营业税、企业所得税和个人所得税的亲贫指数均有较大幅度的下降，说明税收的再分配功能不断加强。该文进一步指出减少和规范非税收入、提高直接税比重、降低间接税比重是增强我国税收再分配功能的重要途径。也有部分学者对税收公平的内涵和外延进行了一定的理论拓展和深入研究，例如，郭庆旺（2012）认为税收累进性在一定程度上具有生命周期特征，如何设计良好的税收-支出制度，既不阻碍经济增长又有助于缓解收入不平等是未来财政制度改革的方向。李森、刘亚林（2016）认为要实现税收在纳税人之间的公平，还必须考虑包括政府与纳税人之间、地方政府之间的公平性问题，进一步扩宽了税收公平的讨论范围。

现有研究存在的不足主要体现在：一是侧重于税收负担分布的总体测算，理论创新稍显不足，对于税收负担与税制结构如何影响居民收入分配的内在机制的理论研究很少，如税收如何影响不同收入群体居民的消费决策；二是偏重于宏观分析，微观实证分析不足，这也影响了对财政政策进行具体调整的准确度；三是缺少税收征管能力这一研究视角，隐性经济中的偷逃税问题会使得收入不平等，税收征管效率是税制结构能否发挥好收入再分配功能的重要影响因素。

### 1.2.2 间接税再分配效应的研究

国外学术界关于间接税调节收入再分配的作用，在理论研究和实证分析上都没有得出一致的结论。Atkinson 和 Stigliz（1976）在多个税种的研究框架下，征收线性所得税，对富人偏好的商品征收高税率能够增进税制的累进性，实施差别化的商品税是有效的。Cragg（1991）使用来自加拿大家庭支出调查的微观数据，发现加拿大间接税制既不累进也不累退，政府对于跨阶级的收入不平等没有表现出厌恶偏好。Freebairn（1997）研究澳大利亚的间接税归宿，发现高收入群体税负轻于低收入群体。Naito（1999）明确地指出间接税在弥补所得税收入分配功能不足方面具有重要的作用，当政府关注再分配时，针对低技术劳动密集型商品的关税和生产补贴，以及针对高技术劳动密集型商品的商品税是政府所需要的。Liberati（2001）运用 Feldstein（1972）提出的分布式特征方法和 Mayshar 和 Yitzhaki（1996）提出的边际占优理论，评估了意大利增值税与消费税改革的分配效应和福利效应，结果表明简化的双税率增值税税制结构可以增加税收收入、提高社会福利。Mintz 和 Smart（2002）提供了一种评估商品税改革福利效应的分析框架，结果表明社会福利仅当商品消费价格随高边际税率下降时，才会得到提高。Kaplanoglou 和 Newbery（2003）评估了希腊间接税税制对家庭收入的影响，发现 1988—2002 年税率高度差异化的间接税税制具有更好的分配效应，2002 年后简化的间接税税制加剧了不平等。Saez（2004）通过理论模型研究发现，短期内间接税对收入分配能起到较大作用，但长期来看只有直接税才能更有效地促进收入分配，这一结论在美国的财税政策实践中得到印证。O'Donoghue 和 Baldini（2004）利用 EUROMOD 模型研究了 12 个欧盟国家的间接税收入分配效应。研究结果表明，如果根据税收占总收入的比重来判断税收的累进性或累退性，主要的间接税种都是累退的，低收入群体负担的间接税相对比例要高于中高收入群体。Casale（2012）基于性别视角，利用南非家庭消费支出数据探究了间接税的归宿公平，发现间接税税制中存在性别偏见。对基本食品和供家庭使用的燃料选择零税率，使得"女性"类型的家庭免于承担过多的税收负担份额，对低收入和有孩子的家庭更有利。相反地，针对酒精、烟草和供私人交通使用的燃料选择高税率，会导致税收负担更多由"男性"类型的家庭承担。

国内对间接税收入再分配效应的研究多利用我国宏观或微观层面的调查数据进行实证分析，主要是对增值税、营业税、消费税等间接税主体税种进行研究，研究结论多认为我国间接税加剧了收入不平等。刘怡、聂海峰（2004）利用扩展的 Harberger 模型（1962）和衡量税收累进性的 Suit 指数，基于广东省的城镇住户调查数据，考察了我国增值税、营业税和消费税这三大间接税在不同收入群体之间的负担情况。研究发现高收入家庭所负担的增值税和消费税的比例低于低收入家庭，而营业税的税收负担分配情况则正好相反，高收入家庭所承担的营业税税负要高于低收入家庭。与其他研究不同的是，本书得出的结论是整个间接税近乎成比例负担，累退性很低，虽然间接税扩大了我国收入分配的不平等，但效果不显著。刘怡、聂海峰（2009）通过比较增值税和营业税的 Suit 指数，发现增值税具有累退性，而营业税则具有累进性，并通过计算、比较税前和税后的基尼系数发现，以增值税为主的商品税体系扩大了收入分配差距，但是其对收入分配的逆向调控作用正在减弱。聂海峰、刘怡（2010）基于我国住户调查微观数据，利用投入-产出模型，模拟了各类间接税在不同部门的流转情况，重点估算了增值税、消费税、营业税等间接税在城镇不同收入水平居民之间的负担情况。研究结果表明，从年度收入的角度来看，各项间接税都具有累退性，另外，基于把家庭的消费看作终身收入的一种度量，该文从终身收入的角度发现各项间接税的累退性逐渐减弱，甚至从长期来看，营业税呈现累进性，有利于调节居民收入分配。刘穷志（2011）通过构建间接税累退性与居民收入不平等关系的理论模型，发现间接税累退程度与居民收入不平等之间呈显著负相关。刘志穷运用我国省级层面的数据做实证研究发现我国间接税具有累退性，三大间接税税种中，增值税和消费税的累退性较强，营业税的累退性次之，三大间接税的累退性是加剧我国收入不平等状况的重要原因之一。聂海峰、岳希明（2012）基于 Scutella（1999）的税收转嫁模型，使用我国 2007 年的税收和投入-产出表数据分部门计算了其有效税率，并在城乡微观调查数据的基础上通过进一步的研究得出如下结论：一是我国间接税体系无论是在全国层面还是分城乡来看都具有累退性，尤其对低收入群体的消极影响更大；二是城镇居民的税收负担率要高于农村。因此，一方面，间接税加剧了城乡内部的收入不平等；另一方面，由于间接税税负在城乡之间的分配差异使得其缩小了城乡之间的收入分配差距。李颖（2016）运用投入-产出表模型追踪间接税在各行业的最终归宿和税负水平，分析间接税的税负转嫁和其对收入分配的影响。研究结果发现：近年来我国间接税的税负整体呈上升趋势，其中尤以增值税税负率最高。我国间接税累退性较明显，高收入群体的间接税负担率显著低于低收入群体，同时间接税负担率也存在城乡差异，城镇居民承担的间接税税负低于农村居民，间接税是加剧我国城乡收入不平等的重要原因。

目前，国内外对间接税再分配效应的研究多是从单个税种的角度出发，尤其是国内的研究，一般是分别考虑间接税三大主体税种的收入再分配效应。实际上，间接税作为一个体系，各税种之间的联系非常紧密。例如，经济个体可以通过税收筹划等手段调节各间接税税种之间的税负比例，实现避税或逃税。因此，现有研究未从间接税整个体系的角度或各间接税设置之间的关系来研究间接税的再分配效应。另外，由于间接税属于易转嫁税种，因此从税负转嫁的角度来分析间接税的收入再分配效应及其机理，也是现有研究未曾或很少涉及的。

### 1.2.3 个人所得税再分配效应的研究

个人所得税是政府缓解社会收入不平等的最为普遍的工具之一，国外现有的研究大多聚焦于评估发达国家的个人所得税的再分配效应。最为典型的是 Wagstaff 等（1999）通过对经济合作及发展组织（organization for economic co-operation and development，OECD）国家的数据做实证研究，发现个人所得税能使基尼系数平均降低 3.3%。Wallace 等（1991）发现美国 1986 年的税收改革法案提高了个人所得税的累进性，但是对收入分配效应的影响较小。Gouveia 和 Strauss（1994）通过实证研究发现，美国联邦个人所得税对收入分配的正向调节作用从 1989 年开始不断下降。Alm 等（2005）利用数年的美国人口调查数据进行实证研究，发现从 20 世纪 80 年代以来，美国个人所得税在调节收入方面不是很成功。

然而，由于缺乏连续的、大规模的家庭调查数据，实证研究发展中国家的个人所得税收入再分配效应的文献还比较少。例如，利用微观层面的数据研究拉丁美洲个人所得税收入再分配的文献直到近期才慢慢开始出现（Higgins & Pereira，2014；Lustig et al.，2014）。这些研究表明在拉丁美洲，从绝对水平上来看，个人所得税的收入再分配效应很小，从与发达国家比较之后的相对水平来看，再分配作用更小。这类研究有一个共同的缺陷，就是所用微观数据的时间跨度很短，很难追踪个人所得税再分配效应的动态变化过程，实证结果的准确性也有待提高。发展中国家个人所得税收入再分配效应较小的一个重要原因是个人所得税占税收总收入的比重较小。Bird 和 Zolt（2005）指出在高收入国家，个人所得税占税收总收入的比例约为 25%，占 GDP 的比重约为 7%；在发展中国家，这两个比例则分别在 9% 和 2% 左右。个人所得税在大多数发展中国家的收入再分配效应较小，其原因主要是发展中国家的税收体系不完善，人们的纳税意识有待加强，个人偷漏税情况较为严重，这些导致了发展中国家的个人所得税政策没有得到有效贯彻，而且高收入群体的偷漏税程度大于中低收入群体，造成个人所得税的累进程度较低。

中国个人所得税制度时刻牵动着公众的神经，2009 年和 2011 年个人所得税的两次改革都是为了减轻低收入群体税负，个人所得税的收入再分配效应一直是国内研究的热点。彭海艳（2011）利用基尼系数的绝对差异作为测度税收再分配效应的指标，建立了考察税收再分配效应和累进性分解的数学模型，并运用 1995—2008 年我国国家层面的时间序列数据分析了我国个人所得税的收入再分配效应。分析结果表明，我国个人所得税的收入再分配效应逐年得到强化，但是由于我国个人所得税占税收总收入的比例较小，因此个人所得税的收入调节效果有限。岳希明等（2012）运用 Musgrave 和 Thin（1948）提出的 MT 指数分析方法，研究了 2011 年个人所得税改革的收入再分配效应，得出两点结论：一是个人所得税的收入再分配效应主要由平均税率决定，而个人所得税的累进性则居于次要地位，2011 年个税改革降低了平均税率，因而更加弱化了个人所得税的收入再分配效应；二是我国个人所得税整体的累进性指数与工资薪金所得费用扣除额之间的关系呈倒 U 形，个人所得税 3 500 元的免征额恰好处于倒 U 形曲线的顶点。刘元生等（2013）通过建立一个包含人力资本投资和政府税收的两阶段世代交替模型讨论了个人所得税免征额和税率对收入和财富分配以及经济增长的影响，模型参数依据中国数据校准后，发现个人所得税免征额与收入的基尼系数之间的关系呈 U 形。徐建炜等（2013）利用微观住户调查数据考察 1997 年以来中国个人所得税的收入再分配效应，1997—2005 年个税累进性逐年下降，但收入再分配效应在不断增强，2006—2011 年个税免征额三次提高和税率层级调整增强了个税累进性，但降低了收入再分配效应。岳希明、徐静（2012）利用微观层面数据考察中国 2002 年和 2007 年个人所得税的收入再分配效应，发现在决定个人所得税的收入再分配效应方面，平均税率所发挥的作用要大于累进税率。雷根强和郭玥（2016）运用 2012 年中国家庭追踪调查（CFPS）数据，将基础扣除等五项扣除引入劳动综合所得收入中进行数值模拟分析，发现这些差别化扣除能使个人所得税政策更好地反映个人和家庭的实际负担，体现个税的量能负担原则。

国内外现有的涉及个人所得税再分配效应的研究主要有两方面不足：第一，已有研究多是从名义税负的角度来考虑个人所得税的收入再分配效应，未全面考虑个税的各项显性或隐性扣除及优惠对实际税负的影响，尤其是未定量化分析偷漏税对个人所得税收入再分配效应的扭曲，而这一问题在发展中国家尤其突出。第二，结合经济发展水平等因素对国家之间或区域之间的个税再分配效应作一个全面的横向比较，对于不同经济发展水平的国家的个税改革具有很强的借鉴意义，而这是已有研究很少或未曾涉及的。

### 1.2.4 企业所得税再分配效应的研究

企业所得税的法定征税对象是企业所得，但是企业可以通过更高的价格将税负转嫁给消费者，或者通过支付更低的利润转嫁给股东，还可以通过更低的工资转嫁给工人。企业所得税的归宿问题和企业所得税对工资的影响是国外学者研究企业所得税再分配效应的主要方向之一。Harberger（1962）构造了一个包括完全竞争企业和非企业部门的封闭经济模型，发现企业税负压低了资本的税后收益。Harberger（1995）在一些案例中展示了企业税负能够完全转嫁给雇员，原因是在开放的经济中，资本供给在国家级别变得具有弹性，就像国际贸易平衡了可贸易商品的价格一样，有弹性的资本供给平衡了资本的净收益。Felix 和 Hines（2009）利用美国工会规定的工资保险费数据，估计出拥有完整工会的公司员工能够获得降低税率所带来的收益的 54%。Arulampalam 等（2012）通过控制对每位员工附加值工资的影响，估算了企业所得税税负的直接归宿，利用九个欧洲国家 1996—2003 年的微观数据，发现每增加 1 美元的税收会使得工资降低 49 美分。Dwenger 等（2011）利用德国社会保障工资体系中 1998—2006 年所有雇员的数据，在控制了由工资变化引起的雇佣调整和资本使用成本之后，发现企业所得税每增加 1 欧元会使得工资降低 0.47 欧元。Fuest 等（2012）控制要素投入水平，比较了由公司是否有劳资谈判合同这一因素所决定的税收归宿差异，利用雇主-雇员数据相联系的德国地方税率面板数据，发现税负归宿（包括直接和间接效应）为 77 美分。Auerbach 和 Hassett（2015）利用美国企业所得税税率和工资的面板数据研究了提高企业所得税税率对工资的长期影响，结果显示提高企业所得税税率对资本的形成有负面影响，会导致更低的工人生产率和更低的工资。Serrato 和 Zidar（2016）基于美国各州企业所得税税率和税收收入分配规则的变化，估计了对工人、土地所有者和企业主福利征收的企业所得税的税收归宿，与标准开放经济模型不同的是，该研究认为公司所有者承担了大约 40% 的税负，工人和土地所有者分别承担了 30%~35% 和 25%~30% 税负。

根据财政分权理论，如果地方政府在税率制定和税收征管上拥有较大自主权，政治家为了争取选票，政府为了吸引、争抢税源，会在税收优惠、税率等方面展开竞争，造成企业所得税税负的不平等，从而对收入分配产生影响。Feld（1999）利用瑞士各州的所得税数据发现各州之间在税率方面存在竞争，而相邻州较低税率会使这种竞争更加激烈，从而给收入分配造成影响，瑞士各州的税收自主权使得各州之间存在激烈的税收竞争。Foremny 等（2014）利用各地区自主决定的德国地方商业税评估了竞选是否会对税收政策选择造成影响，研究发现税收政策明显受到政治周期的影响：税率增长速度在竞选当年和竞选前一年明显减缓甚至出现负增长，而在竞选之后的年份则明显加快增长。Slemrod 和 Wilson（2009）研究了国家之间的税收竞争及由此产生的避税天堂问题。避税天堂存在的最为重要的原因就是一些公司为了逃避企业所得税，这是造成企业税负不平等的原因之一，也是小国政治家吸引税源的重要手段。作者通过研究指出，如果能够消除部分避税天堂，可提高社会福利水平，尤其是非避税天堂国家的福利水平提高得会更加明显。

国内对企业所得税收入再分配效应的研究也多是从企业所得税对企业薪酬的影响以及企业所得税归宿问题着手，分别衡量其对高管和普通职工薪酬的影响。王娜等（2013）利用 2007 年企业所得税改革前后部分上市公司的数据，发现企业所得税"限额政策"取消后，不论是企业高管还是普通职工，其工资薪金均有所增加，但是高管与普通职工工资的差距也被拉大。王德祥、戴在飞（2015）通过构建一个包含劳资双方为税后收益进行博弈的模型，从理论上分析了企业所得税的归宿。基于上市公司数据的实证研究发现，当前我国企业所得税税负在短期有 65% 由企业普通职工承担，但在长期这一比例降为 50% 左右。同时，企业所得税税负的分担也因企业的类型和性质差异而不同，其中资本密集型行业的企业向员工转嫁企业所得税税负的程度比劳动密集型企业高。这些都不利于发挥作为直接税的企业所得税的调节收入分配的功能。

我国企业在不同地区、不同类型甚至不同行业之间也存在企业税负不平等现象。张天舒（2013）利用我国工业企业数据，实证研究了集团化经营对企业税负的影响，发现集团型企业的实际所得税税负率比非集团型企业要低。同时，税负率也与企业的所有权性质、内外资及所在地区有关。吴联生（2009）研究了企业所有权性质与企业实际税负之间的关系，发现国有股权比例越高，公司所承担的实际税负率也越高。王延明（2003）利用上市公司数据实证研究了企业规模、所在地区和所属行业对企业所得税负担的影响，发现 1998 年以后这三个因素对上市公司所得税负担有显著影响，所属行业符合国家产业政策的公司，所得税负担相对其他行业的公司轻，规模越大，实际所得税税率越高，沿海开放发达地区的企业所得税税率较低。

现有的国内外对企业所得税再分配效应的研究主要有三个方面的不足：

第一，全面考虑各项显性或隐性的税收优惠后，考察实际企业所得税的收入再分配效应则很少，尤其是国内研究在这方面的拓展空间很大；第二，企业所得税具有明显的行业特征和由税收竞争引起的地域特征，因此分行业、分地区对企业所得税再分配效应进行分析和总结是已有研究较少涉及的；第三，企业所得税与个人所得税之间存在紧密的联系，如纳税人在两者之间进行税负转移以实现避税或逃税，因此在实证分析中考虑个税对企业所得税再分配效应的影响，是完善已有研究的一个重要方面。

# 1.3　研究方法与框架

## 1.3.1　研究方法

本书综合采用文献研究与资料检索、规范分析与实证分析方法，对中国税制的收入再分配效应问题进行研究。

（1）文献研究与资料检索方法。一方面，充分利用各种电子图书资源以及报刊等资料，研究前人在中国收入分配思想演变、西方收入分配理论等方面的大量文献资料，掌握国内外最新研究成果，进而确定本书的研究视角并合理安排好文章结构；另一方面，对各类统计年鉴、电子数据库进行检索，搜集与本书研究相关的数据，并对数据进行相应的处理。

（2）规范分析方法。综合运用公共部门经济学、福利经济学、制度经济学、计量经济学、统计学、运筹学等学科的理论与方法，界定市场经济中的政府及其税收制度在收入分配中的功能及实现机制，梳理和分析中国的制度背景、经济特征以及税收再分配理论，揭示税收制度安排及体制机制变化对居民收入分配的影响及其内在机理，并从理论上提出完善和优化税收再分配的制度路径。

（3）实证分析方法。本书对中国居民收入分配差距的现状进行描述，利用贫困指数测量中国的贫困现状与特征；基于投入产出表、中国地级市政府税收、A 股上市公司数据，以及家庭入户调查微观数据，通过基于年龄调整的基尼系数、$K$ 指数以及 MT 指数等分析工具，利用 PSM 技术，对间接税、个人所得税的收入再分配效应进行评估；通过构建计量方法，分析企业所得税的再分配效应。

## 1.3.2　研究框架与结构

本书围绕"中国税收制度的再分配效应研究"这个主题，在剖析和总结转型期中国制度背景以及税收制度变迁与特征基础上，测度了中国居民收入分配差距，利用贫困指数计算了城镇与农村贫困状况，系统评估和分析了中国税制的居民收入再分配效应。具体而言，本书分别测算了间接税、个人所得税、企业所得税的再分配效应，对中国的整个税收政策的实际再分配效应及各税种的税负归宿进行系统性研究，探索发挥税收再分配功能的制度优化及技术矫正路径。本书的研究思路为：理论研究——→制度研究——→实证研究——→对策研究，研究框架如图 1.1 所示。

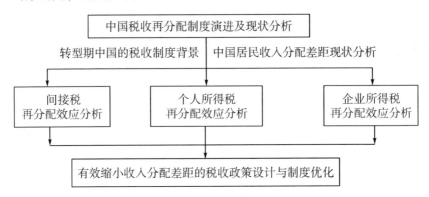

图 1.1　研究框架

按照总体研究思路，本书一共分为七个章节，现将研究框架论述如下：

第 1 章，导论。这一部分通过对现实背景和理论背景的观察和总结，提出了研究问题，并从理论和现实两个层面阐述了研究该问题的意义，总结了相关研究文献，勾勒出整体研究思路、方向和框架，并详细提出了本书的创新之处。

第 2 章，中国居民收入不平等状况。这一部分分别测算了城乡居民收入分配状况、流动人口收入分配状况、行业间的收入不平等以及企业内部高管与普通职工收入差距，在此基础上进一步描述了中国贫困现状与特征，为本书的研究奠定了典型化事实。

第 3 章，中国税收再分配的制度背景分析。这一部分主要是对转型期中国社会经济背景进行介绍，包括中国经济转型的历史阶段、社会经济特征以及转型代价；进一步对分税制前后中国税收制度演进变化进行梳理，系统评估税收政策发挥再分配功能的技术手段，分析阻碍税收再分配功能良好实现的制度障碍，为本书提供理论依据、奠定定性研究基础。

第 4 章，间接税的累退性、再分配效应与代内归宿不平等。中国的税制结构是以间接税为主体，间接税在中国转型初期有效保证了政府收入稳定和经济增长率，但是对居民收入再分配起到逆向调节作用。本章首先利用中国投入产出表和税收数据，测算了各行业增值税、消费税以及营业税的税负率，匹配 CFPS 家庭入户微观调查数据中家庭的分类消费支出，计算微观家庭承担的增值税、消费税和营业税；其次，利用 MT 指数和 K 指数测算增值税、消费税、营业税以及整个间接税的再分配效应与累进性；再次，将家庭人口规模、结构与消费支出匹配，通过 PSM 方法测算出小孩、成人以及老人的消费系数，进而测算出间接税在不同年龄段的归宿状况；最后，对进一步完善间接税制度以便有效发挥收入再分配效应提出政策性建议。

第 5 章，个人所得税再分配效应测算。直接针对居民收入的个人所得税被视为税收政策中最能体现再分配功能的税种，社会保障费可以视为社会保障税，属于大口径个人所得税中的一种。本章首先利用基于年龄调整的基尼系数测算同龄人之间的收入不平等状况，评估社会保障费和个人所得税对城镇居民、农村居民的再分配作用；其次，根据家庭入户调查微观数据，计算整个家庭综合缴纳的社会保障费与个人所得税，基于等值规模调整家庭收入后，评估个人所得税和社会保障费对家庭收入的再分配效应；最后，对进一步完善个人所得税和社会保障制度以便有效发挥收入再分配功能提出政策性建议。

第 6 章，地方政府换届、税收征管与企业避税。企业所得税通过改变企业利润将对不同企业的居民收入产生影响，同时导致企业内部高管与普通职工收入差距变化。然而在经济社会转型时期的中国，人情至上的关系型社会合约形式在资源配置中扮演着重要角色，影响着企业所得税税负。本章以市委书记变更为衡量标准，从地方政府换届角度入手，采用 2005—2013 年沪深两市非金融业上市公司的数据，衡量政治晋升、政治关联以及风险不确定对企业避税的影响，进一步考察了地方政府换届时企业避税程度降低的政治回报效应，并对完善税收征管制度提出政策性建议。

第 7 章，研究结论、政策建议与研究展望。这一部分主要给出本书研究所得到的主要观点，并对完善社会经济结构、规范和调整税制结构、结构性减税与适时开征新税以及加强税收征管制度建设四个方面提出税收再分配功能的制度优化及技术改进路径，并对未来研究拓展和方向做出展望。

## 1.4 研究难点与创新

本书的研究难点亦是本书的创新之处，具体体现在以下几个方面：
第一，在测算间接税再分配效应方面，基于投入产出表与家庭微观消费支出，计算出微观家庭所承担的增值税、消费税以及营业税，弥补大多数研究简单地基于宏观家庭收入十等分组数据而忽略家庭消费异质性的不足。考虑到每户家庭人口规模与结构的不同，利用等值规模调整税前和税后家庭收入，全方位测度间接税再分配效应，并通过计算不同年龄段的消费系数，研究间接税在小孩、成人和老人之间的代内归宿。

第二，在测算个人所得税再分配效应方面，将社会保障费与个人所得税纳入一个框架，一改近年研究偏向于个人所得税，忽视类似个税的社会保障费的研究现状。本书通过基于年龄调整的基尼系数测算同龄人之间的收入不平等，为中国收入分配差距提供另一种分析视角；以家庭每个成员缴纳的个税汇总为家庭缴纳个税，比较家庭与个人的个人所得税横向与纵向公平效应，弥补大多数研究基于家庭总收入测度个税引起的偏误。

第三，在测算企业所得税再分配效应方面，以往研究由于采用不同的税负转嫁假定，估算出员工承担的税负不同，企业所得税归宿的测算结果严重依赖税负转嫁假定。因此，本书放弃了直接根据税负转嫁假定度量企业所得税归宿的努力，转而从企业避税的间接视角衡量企业所得税的再分配效应。选择市委书记更替这一"自然事件"为切入点，探讨地方政府换届和税收征管程度对企业避税的影响，通过晋升激励、政治关联与风险不确定三个维度来解释内在机理。

# 2 | 中国居民收入不平等状况

## 2.1 城乡居民收入分配状况

### 2.1.1 城乡之间的收入、消费与社会福利差距

自 1978 年召开党的十一届三中全会以来，改革开放释放的经济活力使得中国经济经历了 40 余年的黄金发展期，经济社会面貌发生了翻天覆地的变化。农村地区推行的家庭联产承包责任制拉开了改革的序幕，农民的收入激励机制发生改变，促进了劳动生产率的提高，农村居民家庭收入迅速上升。1978—1984 年，城乡居民收入差距出现了短暂缩小的现象。1984 年后，中国改革的重心开始由农村转向城市，城乡二元经济结构问题变得突出。在社会生产力水平和综合国力明显提高的背景下，城乡二元分割体制下的城乡居民之间收入分配差距扩大，并有不断扩大的趋势。城乡居民之间的收入分配不平等是我国居民收入分配不平等的重要原因。按照城镇居民人均可支配收入和农村居民人均纯收入口径，罗楚亮（2006）利用住户调查数据，根据 Theil 指数分解，发现城乡之间的居民收入差距在总体居民收入差距中所占比重在 1995 年为 37.41%，在 2000 年和 2007 年，这一比重达到 40% 左右。城乡之间收入差距在总体收入差距中所占份额在 1995—2002 年表现出了明显的上升趋势，2002 年以来，这一比重基本维持在较高水平。

图 2.1 描述了 1978—2015 年我国城乡居民人均名义收入差距和实际收入增速差距的变化情况。这两组数据均以农村居民名义收入或实际收入增速为单位，计算城乡之间收入及其增速的差距（以倍数为单位）。从图 2.1 中可以

看出，改革开放以来，城乡名义收入差距一直在高位徘徊，2002 年城乡名义收入差距首次突破 3 倍，之后直到 2010 年，都是呈逐年上升的趋势。1985—1994 年和 1998—2003 年这两个时间段，城乡居民名义收入差距具有明显扩大的趋势。2010 年后，城乡名义收入差距呈缩小态势，从 2010 年的 3.23 倍减小到 2015 年的 2.95 倍。总体来看，20 世纪 90 年代以来，我国城乡居民名义收入差距年平均增速达到 1.27%，这是我国城乡居民名义收入分配差距呈现出的一个重要的特征。

城乡收入指数差距考察的是城乡居民人均实际收入（以 1978 年价格为基期）增速的对比情况。从图 2.1 中可以看出，我国城镇居民人均实际收入增速大于农村居民人均实际收入增速的年份只有 2006—2010 年，其余年份均是农村人均实际收入增速高于城镇，但近年来两者之间的差别不大。分析其原因，笔者认为，一方面，可能因为农村人均实际收入绝对额小，基数小，收入提升空间更大；另一方面，中央提出的"工业反哺农业，城市支持乡村"的发展战略起到了一定效果，中央政府的"三农"政策也收到了一定实效，农民享受到了实际增收的成果，这对于缩小我国城乡之间的收入分配差距具有积极的作用。

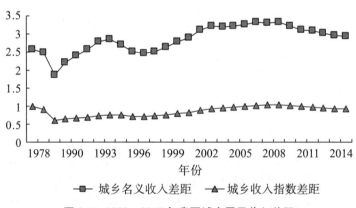

图 2.1　1978—2015 年我国城乡居民收入差距

资料来源：《中国统计年鉴》。

除了收入角度外，还可以从支出角度考察城乡居民之间的福利差异。图 2.2 从城乡居民人均消费比值和城乡居民人均实际消费支出（以 1978 年的价格水平衡量）增长率比值，两个方面来定量分析城乡居民支出水平差距。两个指标均是以农村为单位值，用城镇水平相对于农村水平的倍数来衡量城乡差异。从图 2.2 中可以看出，城乡消费水平差距在 20 世纪 80 年代初期快速下降，20 世纪 90 年代到 21 世纪初快速上升，其余时间段均始终保持着较高水平，2001—2010 年这十年间始终保持在 3 倍以上的高位。2010 年后呈现出缩小的态势，由 2010 年的 3.07 倍减小到 2015 年的 2.32 倍。考察城乡居民人均实际消费增速的对比，从图 2.2 中可以看出，该比值在 1980—1992 年和 2013—2015 年两个时间段小于 1，其余年份都大于 1。说明改革开放以来，农村居民人均实际消费的增速基本上慢于城镇居民。这与图 2.1 描述的城乡居民人均实际收入的增速对比情况有所不同，在图 2.1 中，大部分年份显示，城镇居民人均实际收入的增速慢于农村居民。这说明虽然我国农村居民的人均实际收入与城镇居民的差距在不断缩小，但人均实际消费的差距依然有进一步扩大的趋势。通过对比图 2.1 和图 2.2 可以发现，近几年来，我国农村居民人均实际收入和实际消费的增速均快于城镇居民，农村居民和城镇居民的实际收支差距在缩小。这体现了收入水平与消费水平的同步性，与国内部分学者所持的观点一致。朱琛（2012）运用 VAR 模型考察了我国城乡居民收入差距与消费差距的动态相关性，发现两者之间存在显著的关联性。樊纲、王小鲁（2004）发现收入对消费的影响的贡献率达到 54.1%。

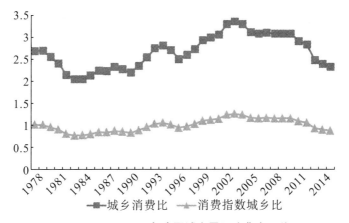

**图 2.2　1978—2015 年我国城乡居民消费水平差距**

资料来源：《中国统计年鉴》。

现有研究文献在估计收入差距时，除了使用国家统计局住户调查中的城镇可支配收入或农村纯收入以外，还根据卡恩（Khan）的收入定义，将公有住房的实物性租金补贴、私有住房的归算租金、各种实物收入（如单位发放的食品、日用品等实物和有价证券）的市场价值等计入收入中。还有一部分学者将收入定义为福祉，Khan 认为在住户收入的基础上，能带来福祉的社会保障和社会福利所具有的市场价值也属于收入。例如，李实、罗楚亮（2007）考虑了隐性补贴与地区价格差异的影响，考虑到社会保障、公有住房以及其他公共服务等方面，农村居民获得的各类隐性补贴低于城镇居民。丛树海等（2014）匡算了 2005 年城乡居民的福利规模，发现城镇居民中各项福利保障

（包括养老、医疗、义务教育、最低生活保障、住房、就业、生育）的收入与支出无论从总量还是从人均上都远远高于农村居民。人均福利相当于人均收入的比重，城镇居民为 29.66%，农村居民为 8.85%；占 GDP 的份额，城镇为 9.55%，农村为 1.17%。

### 2.1.2 城乡内部的收入差距与分化

城乡居民收入差距不仅表现在城乡之间，也反映在城乡内部，自 2000 年以来，城乡内部的收入差距也在不断扩大。图 2.3 利用国家统计局的收入五等分分组的城镇居民人均可支配收入和农村居民人均纯收入数据，分别计算了城镇和农村内部高收入户（前 20%）和低收入户（后 20%）之间的收入差距。

从图 2.3 中可以看出，除了个别年份的短暂波动之外，根据收入五等分分组衡量的我国城镇和乡村居民内部的收入分配差距呈逐年上升趋势，且农村内部的收入分配差距要明显高于城镇。2015 年农村高收入户（前 20%）的人均收入是低收入户（后 20%）的 8.43 倍，2014 年更是达到了 2000 年以来的最高值 8.65 倍。2015 年和 2014 年城镇居民高收入户（前 20%）的人均收入是低收入户（后 20%）的 5.32 倍和 5.49 倍。从城乡之间的动态比较来看，农村居民高低收入群组之间的收入差距扩大的趋势明显，而城镇居民高低收入群组之间的收入差距变化则相对平缓，自 2013 年以来呈不断缩小的态势。

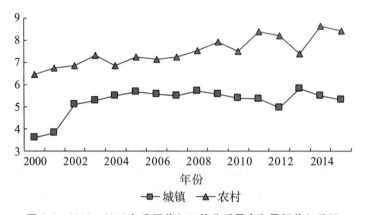

图 2.3　2000—2015 年我国收入五等分后最高和最低收入差距

资料来源：中国城镇住户调查数据。

基尼系数的一种计算方法是将总人口按收入由低到高进行排列，首先计算收入最低的任意百分比人口所对应的收入百分比，然后得到洛伦兹曲线，最后在此基础上计算得到基尼系数。因此，相比于上述简单地计算五等分收入分组的差距，基尼系数能够更全面地反映收入分配状况。基于数据的可得性并考虑数据的连续性和可比性，本书参考《中国居民收入分配年度报告2011》公布的1978—2010年的分城镇和乡村的基尼系数来考察城乡内部的收入分配状况。图2.4描述了1978—2010年我国城乡内部居民收入基尼系数及其变化情况。从图2.4中可以看出，不论是城市还是乡村，我国居民收入分配的基尼系数均呈上升趋势；农村内部居民收入基尼系数从1978年的0.21上升到2010年的0.38，城镇居民收入基尼系数也从1978年的0.16上升到2010年的0.33；农村内部收入分配不平等程度一直高于城镇，这一点与图2.3的结论相吻合。造成这一现象的原因可能有两个方面：第一，我国幅员辽阔，各地区自然条件、资源禀赋相差较大，农村地区农民的收入结构相对单一，留在当地的农民大都依靠对自然条件依赖性较高的农业种植业，这在地理上就决定了我国农民之间的收入分配会存在较大差距。同时，改革开放以来，农民工进城务工的比例越来越高，越接近经济发达地区的农民，其进城务工的比例越高，因此收入一般也会越高，农民工收入来源出现分化，差距扩大。第二，由于统计上的原因，城镇高收入群体样本难以获取。

图2.4显示的城镇居民收入分配基尼系数上升较快，主要有如下三个方面的原因：第一，改革开放以来我国的市场化改革打破了计划经济体制下吃"大锅饭"的格局，许多人失去了"铁饭碗"，成为下岗职工，被迫在市场化大潮中寻找工作，解决生计问题，这带来了收入水平的分化。第二，市场化改革进程中经过了20世纪90年代的"下海潮"，住房商品化改革中，经历了长达15年的住房市场的繁荣，这两次风险选择催生了大量的城镇富裕阶层，也必然拉大了城镇收入分配差距。第三，价格双轨制改革和企业所有制属性的转型，产生了旺盛的"倒爷经济"，某些部门的垄断性得以强化，非法非正常收入和灰色收入剧增，部分人群逐步成为经济发展过程中的既得利益者。基尼系数的上升趋势自2008年以后反而变得稳定甚至有所下降，这说明调节城镇居民收入差距的收入分配体制改革起到了一定作用。通过政府的二次分配发挥作用，主要包括财税政策的收入调节功能，财政补助对低收入群体的偏向性作用更加明显，但是，财政收入端的再分配作用还难以发挥。例如，2000年后，虽然个人所得税制经历了三次重大改革，但对居民收入的调节作用仍然微弱。结合现实中的贪腐案例和仇富现象来看，部分城镇高收入人群和既得利益者的收入变得非常隐蔽，能够逃离税务部门和银行的监管，并未被纳入收入差距的统计范畴。

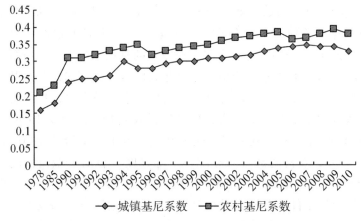

图 2.4　1978—2010 年我国城乡内部居民收入分配基尼系数

资料来源：《中国居民收入分配年度报告 2011》。

## 2.2　流动人口收入分配状况

改革开放造就了东部沿海地区经济的腾飞，也使得地区间经济发展与收入分配出现明显的不平等，以农民工为主体的大规模人口流动也随之产生，2013 年中国流动人口规模已达到 2.45 亿人[①]。本书对流动人口收入分配状况进行定量化衡量，数据源于中国家庭收入调查数据库（CHIP），CHIP 的流动人口是指农村进入城镇的务工人员。该调查项目是北京师范大学中国收入分配研究院联合国家统计局等部门和研究机构对中国家庭收入情况进行的一项大型微观实地调研活动，迄今为止，已经相继在 1989 年、1996 年、2003 年、2008 年和 2014 年进行了五次入户调查，分别收集了 1988 年、1995 年、2002 年、2007 年和 2013 年的收支信息，以及其他家庭和个人信息。本书利用 CHIP2002 年和 CHIP2007 年的数据研究我国流动人口的收入分配状况。

本部分主要从两个方面对流动人口的收入分配状况进行定量分析：第一，考察流动人口个人特征对收入的影响，个人特征包括性别、年龄、受教育年限、在外出务工或经商地所待时间；第二，考察流动人口所从事行业对收入的影响，从事行业包括工作单位所有制性质和工作单位所在行业两个方面。

---

① 数据来源：《中华人民共和国 2013 年国民经济和社会发展统计公报》。

### 2.2.1　流动人口个人特征

分性别考察流动人口的收入分配状况。在 CHIP2002 年的 3 430 个有效样本中,女性占比为 43.7%,男性占比为 56.3%。女性月收入的平均值为 621 元,男性月收入的平均值为 913 元,男性收入明显高于女性收入。在 2002 年受访流动人口的有效样本中,女性中没有收入的比例为 3.1%,男性中没有收入的比例为 0.8%。在 CHIP2007 年的 7 080 个有效样本中,女性占比为 41.4%,男性占比为 58.6%。女性月平均收入为 1 247 元,男性月平均收入为 1 707 元,男性收入高于女性收入的事实没有改变。在 2007 年受访流动人口的有效样本中,女性中没有收入的比例为 10.6%,男性中没有收入的比例为 2.0%。

分年龄考察流动人口的收入分配状况。以 30 周岁为年龄分界线,在 CHIP2002 年的 3 430 个有效样本中,30 周岁(含)以下人口占比为 33.5%,其月收入的平均值为 716.3 元,30 周岁以上人口占比为 66.5%,其月收入的平均值为 820.9 元。在 CHIP2007 年的 7 080 个有效样本中,30 周岁(含)以下人口占比为 51.85%,其月收入的平均值为 1 489.7 元,30 周岁以上人口占比为 48.15%,其月收入的平均值为 1 545.1 元。CHIP2002 年和 CHIP2007 年的调查结果表明,30 周岁以上流动人口的月收入平均值均高于 30 周岁(含)以下流动人口。以 10 周岁为一个年龄段(有效样本中年龄最小为 15 周岁),计算每个年龄段月收入的平均值,结果如表 2.1 所示。从表 2.1 可以看出,CHIP2002 年月收入最高的年龄段为 35~44 周岁,CHIP2007 年月收入最高的年龄段则为 25~34 周岁。通过比较 CHIP2002 年和 CHIP2007 年的结果可以发现,相对于 2002 年来说,随着时间的推移,2007 年进城务工或经商人口中,年轻人收入增长的速度快于年长者,说明流动人口中年轻人在就业市场上的相对竞争力增长更快。25~34 周岁年龄段人群月收入平均值增幅达 112.6%,而 35~44 周岁、45~44 周岁、55 周岁及以上人群月收入平均值增长的幅度分别为 87.4%、73.9%、88.1%。

表 2.1　各年龄段流动人口的月均收入　　　　　　单位:元

| 年龄分组 | CHIP2002 | CHIP2007 |
| --- | --- | --- |
| 15~24 周岁 | 594.1 | 1 347.6 |
| 25~34 周岁 | 799.9 | 1 700.7 |
| 35~44 周岁 | 841.3 | 1 576.7 |
| 45~54 周岁 | 823.0 | 1 431.5 |
| 55 周岁及以上 | 542.5 | 1 020.5 |

数据来源:CHIP2002 年和 CHIP2007 年。

一般来说，劳动者的收入与其受教育水平呈正相关关系。对于流动人口来说，虽然其平均受教育水平整体低于城镇人口，但是上述关系依然存在，即随着受教育水平的提高，其收入也会增加。图 2.5 显示，CHIP2002 年流动人口受教育年限与月均收入之间呈正相关关系。另外，从图 2.5 中可以看出，当受教育年限大于 16 年时（受教育年限大于 16 年的样本占 0.09%），月收入有一个跳跃性的上升。

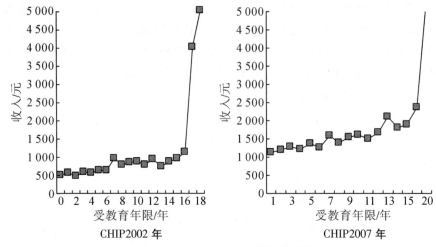

图 2.5　流动人口受教育年限与月均收入

数据来源：CHIP2002 年和 CHIP2007 年。

图 2.5 中，CHIP2007 年流动人口平均受教育年限与月均收入也呈正相关关系。当受教育年限分别等于 16 年和 20 年时（受教育年限等于 16 年和 20 年的样本数量分别占 0.5% 和 0.03%），月收入都有一个跳跃性的上升。图 2.5 的结果反映了在流动人口中，受教育程度对收入水平同样具有显著的促进作用。

从流动人口在城镇工作生活时长角度，研究其收入分配状况。在 CHIP2002 年的 3 430 个有效样本中，累计在城镇生活年数最长为 44 年，最短不足 1 年。外出打工年数与月收入的关系如图 2.6 所示。从图 2.6 可以看出，当流动人口累计在城镇生活的年数小于 5 年时，其月均收入显著小于累计在城镇生活的年数大于 5 年流动人口的收入，且收入随其在城镇所待时间的增加而上升。当流动人口在城镇累计生活年数大于 5 年后，其月收入与其在城镇待的时间长短无明显关系。这说明，流动人口进入城镇后有一个逐步适应的过程，在这个适应的过程中，随着其慢慢地融入新的环境之中，其工作技能和水平逐步提高，收入也会增加。但是，进入城镇 5 年后，流动人口本身的素质和能力达到上限，收入增长出现天花板效应。从图 2.6 可以发现，这个天花板效应大概是在流动人口进入城镇后的 5~6 年开始出现，之后流动人口收入与其在城镇所待时间的长短之间不再存在显著的正相关关系。

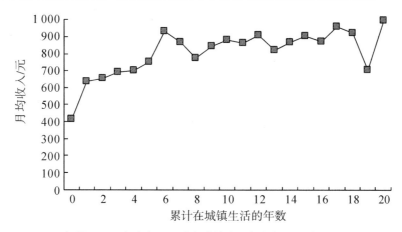

图 2.6 流动人口累计在城镇生活年数与月均收入

数据来源：CHIP2002 年。

CHIP2007 年调查问卷的设计与 CHIP2002 年有所不同，CHIP2007 年调查问卷中无"累计在城镇生活年数"一项，在此采用 CHIP2007 年中"最近 12 个月内，在外出务工或经商地一共生活了几个月"一项来考察流动人口在务工或经商地所待时长与收入之间的关系，结果如图 2.7 所示。

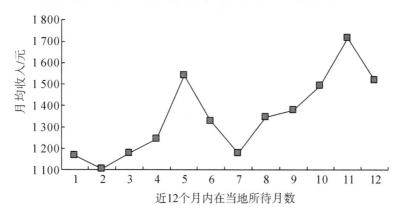

图 2.7 流动人口近 12 个月内在当地所待月数与月均收入

数据来源：CHIP2007 年。

从图 2.7 中可以看出，随着近 12 个月内在外出务工经商地所待时间的延长，收入呈上升趋势，但不是很明显。相比于 CHIP2002 年的情况，CHIP2007 年流动人口在外出务工或经商地所待时间长短与收入无明显关系的原因可能有两个：一方面，数据统计口径本身就存在差异，"最近12个月内，在外出务工或经商地一共生活了几个月"这一项不能全面反映流动人口适应当地环境和提高工作素质技能的程度；另一方面，经过5年后，流动人口在外出务工或经商地收入的多少可能更多地取决于一些短期内无法改变的因素，如受教育水平、健康水平等。通过上述分析，我们可以得到一个启示：随着我国经济的不断发展、劳动生产率的不断提高，流动人口若想在外出务工或经商地取得更高的收入，不能再简单地依靠体力，还需要逐步提高自身各方面的素质，如接受更多的教育和职业技能培训等。

## 2.2.2 流动人口从事行业

从流动人口所在就业单位的所有制性质角度，分析其收入分配差异状况①。表2.2和表2.3分别列举了CHIP2002年和CHIP2007年流动人口所在就业单位的所有制性质与月均收入之间的关系。从表2.2中可以看出，CHIP2002年月收入最高的是农村私营企业和国家控股企业，月收入的平均值分别为1 575元和1 018元，月收入最低的是（中央、省、地方）国有独资企业中的流动人口，月收入的平均值分别为583元和586元，最高收入和最低收入之间差异明显。需要说明的是，在农村私营企业和国家控股企业工作的流动人口数量仅占有效样本总量的0.45%和0.39%，不具有代表性和说服力。将各所有制就业单位收入水平和其样本规模结合起来考虑，样本规模最大的是在城镇个体（企业）和农村个体中就业的流动人口，其月收入的平均值分别为814元和844元，收入排名中等偏上。在（中央、省、地方）国有独资企业中就业的流动人口占比分别为3.42%和3.57%，月收入的平均值分别为583元和586元，收入排名垫底。在城镇和农村个体企业中就业的流动人口收入水平比在国有独资企业中就业的流动人口收入水平大约高40%，收入差距依然比较大。分国有企业和私营企业考察，可以发现在国有企业工作的流动人口的月收入水平整体上低于在私营企业工作的流动人口。上述结果表明，从收入水平来讲，私营企业，尤其是个体私营企业对流动人口的吸引力较大，一个可能的解释是：私营企业对流动人口准入门槛低，有利于流动人口通过提高劳动生产率来增加收入；国有企业对流动人口进入相对排斥，能通过自

① 在讨论流动人口性别、年龄、受教育年限、累计在城镇生活年数与收入之间的关系时，收入包括从工作单位或就业岗位得到的各种（净）收入以及从其他途径获得的其他（净）收入，而在讨论流动人口就业单位所有制性质、工作单位所在行业与收入之间的关系时，收入仅指从工作单位或就业岗位得到的各种（净）收入。因为后者所要研究的影响收入分配状况的变量与收入来源存在对应关系。

身的绝对地位来压低流动人口收入。

**表 2.2　2002 年流动人口所在单位所有制性质与月均收入**

| 所有制性质 | 月均收入/元 | 样本占比/% | 所有制性质 | 月均收入/元 | 样本占比/% |
|---|---|---|---|---|---|
| （中央、省）国有独资 | 583 | 3.42 | 外资企业 | 900 | 0.09 |
| （地方）国有独资 | 586 | 3.57 | 国家控股企业 | 1 018 | 0.39 |
| 城镇集体所有制 | 633 | 3.66 | 其他股份企业 | 752 | 1.84 |
| 城镇私营（包括合伙企业） | 826 | 7.40 | 农村私营企业 | 1 575 | 0.45 |
| 城镇个体（企业） | 816 | 60.33 | 农村个体 | 844 | 11.75 |
| 中外合资企业 | 831 | 0.48 | 其他所有制 | 571 | 6.63 |

数据来源：CHIP2002 年。

从表 2.3 可以看出，CHIP2007 年中月收入最高的是集体控股合资企业和集体控股企业，月收入最低的是国家、集体的事业单位。结合各所有制企业中流动人口占比数据来看，流动人口就业最多的是个体企业和私营独资企业，占比分别为 39.57% 和 35.90%，其月收入的平均值分别为 1 550 元和 1 421元，在收入排名中靠后。收入和样本数量占比均靠前的是集体控股企业和外资独资企业，其月收入的平均值分别为 1 750 元和 1 627 元，样本数量占比分别为 2.52% 和 2.29%。对上述两组就业单位的组内平均值进行比较，后者比前者高 14% 左右。若从分国营企业和私营企业来看，两者中流动人口的月收入无明显差别。

通过对 CHIP2002 年和 CHIP2007 年的数据进行纵向比较发现，在所有制单位中，私营企业和个体单位容纳流动人口最多，这说明我国流动人口外出务工或经商，在当地所从事的大都是一些低层次、技术含量不高的工作。CHIP2002 年和 CHIP2007 年的不同之处在于，在 2002 年的统计数据中，流动人口在个体所有制中获得的收入水平中等偏上；在 2007 年的统计数据中，流动人口在个体所有制中得到的收入水平排名靠后，这反映了随着我国经济快速发展，产业结构不断升级，各行业对劳动者的素质要求变高。受限于教育水平和素质技能，流动人口适应市场竞争的能力相对较低，在工作中逐渐丧失了比较优势，收入增长变慢。

表 2.3　2007 年流动人口所在单位所有制性质与月均收入

| 所有制性质 | 月均收入/元 | 样本占比/% | 所有制性质 | 月均收入/元 | 样本占比/% |
|---|---|---|---|---|---|
| 民办企事业单位 | 1 503 | 1.97 | 集体独资企业 | 1 680 | 1.19 |
| 集体控股企业 | 1 750 | 2.52 | 外资独资企业 | 1 627 | 2.29 |
| 集体控股的合资企业 | 1 862 | 0.56 | 私营独资企业 | 1 421 | 35.90 |
| 外资控股的合资企业 | 1 555 | 2.66 | 国有独资企业 | 1 581 | 1.80 |
| 党政机关 | 1 536 | 0.40 | 国家、集体的事业单位 | 1 382 | 2.29 |
| 私营控股企业 | 1 457 | 3.02 | 国有控股企业 | 1 541 | 2.22 |
| 私营控股的合资企业 | 1 413 | 2.65 | 国有控股的合资企业 | 1 651 | 0.75 |
| 个体 | 1 550 | 39.57 | 其他企业 | 1 214 | 0.20 |

数据来源：CHIP2007 年。

从流动人口工作单位所在行业角度分析。在 CHIP2002 年的 3 430 个有效样本中，流动人口从事人数最多的三个行业如下：第一为批发和零售贸易、餐饮业的流动人口数量为 1 602 人，占总人数的比重为 47.02%；第二为社会服务业，人数占比为 21.34%；第三为建筑业，人数占比为 4.73%。表 2.4 分行业列出流动人口月均收入。从表 2.4 中可以看出，在流动人口从事人数最多的三大行业中，月均收入最高的是建筑业，最低的是社会服务业。整个月均收入最高的行业是农林牧渔业，但是样本占比仅为 0.53%，不具有一般性；按分三大产业来看，从事第三产业的流动人口收入整体上要低于从事第二产业的流动人口收入；在从事第三产业的流动人口中，收入最低的是在国家机关、党政机关和社会团体中工作的流动人口。

表 2.4　2002 年流动人口所在单位行业与月均收入

| 工作单位所在行业 | 月均收入/元 | 工作单位所在行业 | 月均收入/元 |
|---|---|---|---|
| 第一产业 | | 采掘业 | 981 |
| 农林牧渔业 | 1 551 | 其他制造业 | 1 014 |
| 第二产业 | | 第三产业 | |
| 建筑业 | 1 293 | 金融保险业 | 719 |
| 电力、煤气及水的生产和供给业 | 941 | 地质勘查业、水利管理业 | 600 |
| 化学工业 | 1 263 | 国家机关、党政机关和社会团体 | 530 |

| 工作单位所在行业 | 月均收入/元 | 工作单位所在行业 | 月均收入/元 |
|---|---|---|---|
| 日用消费品加工业 | 954 | 卫生、体育和社会福利业 | 626 |
| 耐久消费品制造业 | 454 | 房地产业 | 965 |
| 电子产品制造业 | 795 | 科学研究和综合技术服务业 | 1 154 |
| 服装加工业 | 708 | 社会服务业 | 659 |
| 重工机械制造业 | 1 240 | 交通运输、仓储及邮电通信业 | 1 077 |
| 轻工机械制造业 | 849 | 批发和零售贸易、餐饮业 | 743 |
| 塑料制品加工业 | 755 | 教育、文化艺术和广播电影电视业 | 742 |
| 汽车、机车制造业 | 750 | 其他行业 | 719 |

数据来源：CHIP2002 年。

CHIP2007 年对第三产业的划分更为细化，流动人口就业人数最多的四个行业如下：第一为批发和零售贸易业，人数为 1 988 人，占样本总人数的 28.1%；第二为制造业，占比为 18.7%；第三为住宿和餐饮业，占比为 18.5%；第四为建筑业，占比为 10.1%。表2.5 分行业列出了流动人口月收入的平均值。从表2.5 可以看出，在流动人口就业人数最多的这四大行业中，月均收入最高的依然是建筑业，最低的为住宿和餐饮业。在所有行业中，月均收入最高的是保险业，然后为农林牧渔业，但样本数量分别仅有 6 人和 2 人，不具有一般性；分三大产业来看，从事第三产业的流动人口收入整体上要低于从事第二产业的流动人口收入。在从事第三产业的流动人口中，收入最低的是在银行业工作的流动人口，但其样本数量仅为 8 人，不具有一般性；其次为卫生行业，其人口数量占比相对较大，为 1.8%。

表2.5　2007 年流动人口所在单位行业与月均收入

| 工作单位所在行业 | 月均收入/元 | 工作单位所在行业 | 月均收入/元 |
|---|---|---|---|
| 第一产业 | | 新闻出版类 | 1 129 |
| 农林牧渔业 | 2 500 | 租赁和商务服务业—会计 | 1 655 |
| 第二产业 | | 租赁和商务服务业—其他 | 1 633 |
| 建筑业 | 1 752 | 水利、环境和公共设施 | 1 316 |
| 制造业 | 1 504 | 公共管理和社会组织 | 1 108 |
| 采矿业 | 2 000 | 房地产业 | 1 450 |
| 电力燃气及水的生产 | 1 513 | 科学研究、技术服务 | 1 445 |

| 工作单位所在行业 | 月均收入/元 | 工作单位所在行业 | 月均收入/元 |
|---|---|---|---|
| 第三产业 | | 证券业 | 1 750 |
| 银行业 | 1 048 | 房地产业 | 1 389 |
| 教育 | 1 409 | 服务业—其他类 | 1 489 |
| 娱乐业 | 1 404 | 服务业—社会中介类 | 1 750 |
| 卫生行业 | 1 107 | 服务业—导游类 | 1 250 |
| 住宿和餐饮业 | 1 352 | 社会保障和社会福利业 | 1 590 |
| 信息传输、计算机服务 | 1 531 | 交通运输、仓储及邮政 | 1 677 |
| 保险业 | 2 567 | 批发和零售业 | 1 550 |

数据来源：CHIP2007 年。

## 2.3　不同行业与所有制性质的收入分配状况

国家统计局将国民经济划分为 19 个行业①。按登记注册类型分类，可以将城镇单位分为国有单位、城镇集体单位、股份合作单位、联营单位、有限责任公司、股份有限公司、私营企业、港澳台商投资公司，以及外商投资公司。本部分利用国家统计局公布的 2003—2015 年从业人员平均工资数据，研究不同行业与所有制性质的收入分配状况。

图 2.8 描述了 2003—2015 年按照国家统计局划分的 19 大行业中，最高收入和最低收入之间的差距。从图 2.8 中可以看出，2005 年以来，收入最高行业和收入最低行业之间的差距呈现出缩小的趋势，从 2005 年的 4.73 倍减少到 2015 年的 3.59 倍。具体到行业层面，2003—2015 年的 13 年间，平均收入最低的行业一直未变，都是农林牧渔业；平均收入最高的行业，在 2003—2008 年的 6 年间是信息传输、软件和信息技术服务业，2009—2015 年则让位于金融业；行业的收入增速方面，增长最快的是批发零售业和金融业，13 年里分别增长了 4.54 倍和 4.52 倍。

---

① 农、林、牧、渔业；采矿业；制造业；电力、热力、燃气及水生产和供应业；建筑业；批发和零售业；交通运输、仓储和邮政业；住宿和餐饮业；信息传输、软件和信息技术服务业；金融业；房地产业；租赁和商务服务业；科学研究和技术服务业；水利、环境和公共设施管理业；居民服务、修理和其他服务业；教育；卫生和社会工作；文化、体育和娱乐业；公共管理、社会保障和社会组织。

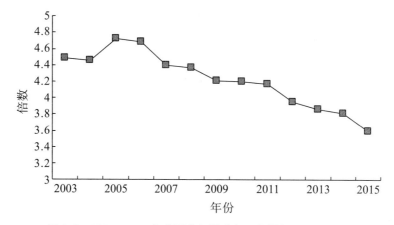

**图 2.8  2003—2015 年我国收入最高行业与最低行业的差距**

数据来源：国家统计局。

　　农林牧渔业在所有行业中一直是平均收入最低的行业，对于我国缩小城乡发展差距，实现由城乡二元经济结构向一元经济过渡，保障国家粮食安全构成了挑战。改革开放之前，我国实行重工业优先发展战略，通过工农业产品价格"剪刀差"模式，农业为工业的发展做出巨大贡献。市场经济条件下工农业产品价格"剪刀差"已不存在，国家确定了"工业反哺农业，城市支持乡村"的发展战略，但农林牧渔业工资水平垫底的现状仍未改变，这加剧了城乡收入分配差距。农村地区人均受教育水平低于城镇地区，较低的收入水平使得农民对教育和健康的投资低于城镇居民；较低的人力资本水平反过来又不利于农林牧渔业的产业升级和集约化、规模化经营，进一步使得从事农林牧渔业的农民收入低于从事其他行业的城镇居民的收入；如此导致了恶性循环，从事农林牧渔业的农民固化在社会收入分配的底层，降低了其向上发展的可能性。农林牧渔业的低工资水平会导致本行业已有的生产要素（尤其是优秀的劳动力）流出，也会阻碍生产要素向农林牧渔业的流入，不利于维护第一产业的基础地位和国家的粮食安全。

　　平均收入最高的行业，在 2003—2008 年是信息传输、软件和信息技术服务业，2009—2015 年是金融业。信息传输、软件和信息技术服务业属于高新技术产业，尤其是在第三次产业革命——信息技术革命的推动下，信息技术产业蓬勃发展，劳动生产率显著提高，从业人员的工资也随之快速增长。金融业一方面借助信息技术发展提供的便利实现了快速发展，另一方面也具有一定的垄断优势，在经济发展带来社会融资需求激增的背景下，实现了飞速发展。因此，对比我国各行业从业人员的工资水平，可以发现技术优势和垄断力量是决定行业收入水平的重要因素。

按照就业单位所有制性质进行分析。1998—2015 年的 18 年间，从业人员平均工资最高的企业一直都是外商投资企业，平均工资最低的是城镇集体单位，18 年中有 16 年在所有单位中排名最低。图 2.9 描述了 1995—2015 年不同类型的城镇单位最高工资与最低工资差距的变化情况。21 年来，工资差距呈现出先增加再逐渐缩小的趋势，其拐点出现在 2002 年前后。2002 年以后，最高工资与最低工资的差距呈缓慢缩小趋势，由 2002 年的 2.54 倍缩小到 2015 年的 1.64 倍。

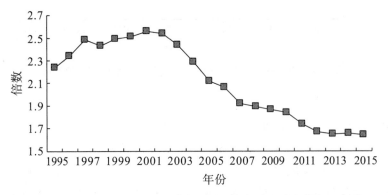

**图 2.9　1995—2015 年不同所有制性质的单位最高工资与最低工资差距**

数据来源：国家统计局。

接下来，结合从业人员占比，考察不同类型城镇就业单位平均工资的相对差距。表 2.6 分别给出了 2015 年不同类型城镇就业单位从业人员数量占总人数的比重，以及工资高于或低于所有行业平均工资的比例。从表 2.6 中容易看出，只有国有单位、股份有限公司、外商投资单位就业人员的平均工资高于全国平均工资。这三类单位从业人员占比仅为 16.89%、4.89% 和 3.93%，加起来为 25.7%，即按照登记注册类型划分城镇单位，只有约四分之一的城镇单位的就业人员的平均工资高于全国平均水平，约四分之三的城镇单位的就业人员的平均工资低于全国平均水平。在不同类型就业单位之中，股份有限公司和外商投资公司的就业人员是最少的，但其从业人员的平均工资却是最高的；相反，私营企业就业人员规模最大，但其平均工资却是最低的。这种现象表明，私营企业承担着吸纳城镇闲置劳动力和低技能劳动人口、降低城镇失业率的重任，但其员工的待遇相对来说是最差的，高工资集中在进入门槛相对较高（可能需要较高的学历水平、较多的社会资源等）的国企、外企和股份公司，这种现象无疑会进一步加剧收入分配的不公平。

表 2.6　2015 年不同所有制性质的城镇单位工资相对差距

| 单位所有制性质 | 就业人数占比/% | 工资偏离全国平均数/% |
|---|---|---|
| 国有单位 | 16.89 | 5.27 |
| 城镇集体单位 | 1.31 | -24.86 |
| 股份合作单位 | 0.25 | -2.68 |
| 联营单位 | 0.05 | -18.21 |
| 有限责任公司 | 17.38 | -12.17 |
| 股份有限公司 | 4.89 | 17.11 |
| 私营企业 | 30.42 | -24.32 |
| 港澳台商投资单位 | 3.66 | -0.02 |
| 外商投资单位 | 3.93 | 23.01 |

数据来源：国家统计局。

## 2.4　高管与普通职工收入分配状况

在高收入群体中，一些企业高管的"天价薪酬"已经成为公众关注的焦点。2007 年平安保险董事长因其千万年薪备受争议，2008 年媒体相继报道出国泰君安高管人均百万年薪事件。同年，席卷全球的金融危机爆发，一些国有企业在出现亏损时，高管待遇不降反升，这种"穷了寺庙、富了方丈"的做法使得国有企业高管薪酬问题更加尖锐。在国有企业内部，高管与普通职工的薪酬差距不断扩大。以中央企业为例，高管与普通职工的薪酬差距 2002 年平均为 12 倍，2003 年扩大到 13.6 倍（方军雄，2009）。在整个市场上，国有企业高管与非国有企业高管的薪酬差距经历了从缩小到扩大的趋势，国有企业高管薪酬一度低于非国有企业高管，2004 年后，国有企业高管薪酬平均值开始高于非国有企业高管薪酬，2005—2008 年，国有企业高管薪酬增长更快（李实 等，2013）。

作为企业正常经营的需要和不完全契约理论的产物，在职消费本身具有一定合理性。这就使得在企业正常增加在职消费的过程中，高管可能将一部分在职消费以表面"正当"的名义转为私有收益，通过在职消费谋取私利。高管在职务消费上具有一定的"自由裁量权"，加上企业内部监管制度上的漏洞和识别正常在职消费与灰色在职消费有一定难度，一些企业在职消费随意性强，往往成为高管隐性腐败的重要领域。2006 年国务院国资委出台《关于规范中央企业负责人职务消费的指导意见》，2012 年财政部会同监察部、审计署和国务院国资委联合发布《国有企业负责人职务消费行为监督管理暂行办法》，尝试规范国有企业高管的职务消费行为。但是，超额、超标准的在职消费问题仍未得到解决。

接下来，本部分将运用企业微观层面的数据，研究企业内部的收入分配状况。本部分选取 2005—2015 年沪深 A 股上市公司作为初选样本，由于职工薪酬和高管薪酬均存在一些不合理的极端值，为了保证数据的真实可靠性，进一步筛选的标准为：①对所有连续变量在 1% 和 99% 的水平上进行缩尾处理；②剔除董事、监事及高管薪酬小于 0、普通职工工资小于 0 的样本；③剔除产权性质发生变动的样本。经筛选最终得到 1 543 家公司的样本，按最终控制人类型分为国有企业（908 家）和非国有企业（635 家），其中，中央国有企业 312 家、地方国有企业 596 家、民营企业 635 家①。企业产权性质来自同花顺（iFind）数据库，其他数据均来自国泰安（CSMAR）数据库。衡量企业内部收入分配状况的变量计算方法如表 2.7 所示。

表 2.7　高管薪酬、在职消费与普通职工工资的计算方法

| 变量名称 | 计算方法 |
| --- | --- |
| 高管货币收入 | Log（董事、监事及高管薪酬总额/领取薪酬的董事、监事及高管人数） |
| 前 3 名高管货币收入 | Log（董事、监事及高管前 3 名薪酬总额/3） |
| 在职消费 | Log（管理费用+销售费用）/营业收入 |
| 不正当在职消费 | Log（管理费用-董事、监事及高管薪酬总额-坏账准备-存货跌价准备-当年无形资产摊销额）/董事、监事及高管人数 |
| 职工实际工资 | Log（支付给职工以及为职工支付的现金/1.56-董事、监事及高管薪酬总额）/（员工人数-董事、监事及高管人数） |
| 职工名义工资 | Log（支付给职工以及为职工支付的现金-董事、监事及高管薪酬总额）/（员工人数-董事、监事及高管人数） |

资料来源：作者根据相关文献整理。

表 2.8 列示了计算结果。与民营企业相比，国有企业的高管货币收入、前 3 名高管货币收入、在职消费和不正当在职消费的平均值和中位数都略高，说明国有企业高管的货币收入和在职消费均高于民营企业高管，国有企业高

---

① 非国有企业包括民营企业和其他企业。由于其他企业的实际控制人类型混淆，包括职工持股会、集体企业、地方国资委、地方政府、境外、个人，为保证实证结论可靠，剔除其他企业样本，只选取民营企业作为非国有企业。

管获得的显性薪酬和隐性薪酬都更多。国有企业普通职工实际工资与名义工资都高于民营企业，说明国有企业支付给职工更高的工资。

表 2.8　企业内部收入分配状况

| 变量名称 | 国有企业 | | | 民营企业 | | |
|---|---|---|---|---|---|---|
| | 平均值 | 中位数 | 标准差 | 平均值 | 中位数 | 标准差 |
| 高管货币收入 | 12.06 | 12.08 | 0.86 | 11.95 | 11.92 | 0.80 |
| 前 3 名高管货币收入 | 12.81 | 12.85 | 0.81 | 12.80 | 12.78 | 0.92 |
| 在职消费 | 19.24 | 19.09 | 1.27 | 18.68 | 18.59 | 1.18 |
| 不正当在职消费 | 15.65 | 15.56 | 1.19 | 15.14 | 15.10 | 1.04 |
| 职工实际工资 | 11.19 | 10.69 | 0.79 | 10.45 | 10.37 | 0.80 |
| 职工名义工资 | 11.39 | 11.15 | 0.79 | 10.92 | 10.85 | 0.80 |

数据来源：国泰安数据库。

为了约束国有企业高管的巨额薪酬，同时作为对社会舆论压力的政策回应，2009 年人力资源和社会保障部等六部门联合下发《关于进一步规范中央企业负责人薪酬管理的指导意见》，财政部同时出台了《金融类国有及国有控股企业负责人薪酬管理办法》。这是中国政府首次对所有行业的中央企业发出高管"限薪令"，地方国资委根据中央的"限薪令"，制定该地区相应的地方国有企业高管薪酬管理办法。

从图 2.10 的高管货币收入变化趋势中可以直观地看出，国有企业与非国有企业高管收入差距在 2005—2009 年不断扩大，国有企业高管货币收入在"限薪令"后并没有降低。"限薪令"没有直接降低国有企业高管的货币收入，包括非国有企业的高管在内，其货币收入都呈现增长趋势。但是，2009年后国有企业与非国有企业高管收入差距不断缩小，说明"限薪令"实现了基本的薪酬干预效果，国有企业高管货币收入增速下降。

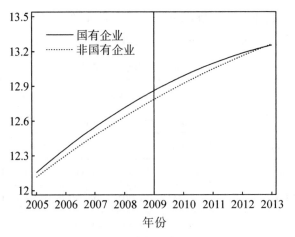

前 3 名高管货币收入

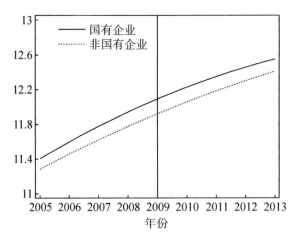

高管货币收入

**图 2.10 "限薪令"与 2005—2013 年高管货币收入**

数据来源：国泰安数据库。

图 2.11 显示了 2005—2015 年高管与普通职工收入差距的变动状况。从 2005 年开始，国有企业与非国有企业的高管与职工的收入差距都在 3.5 倍左右。2005 年以后，非国有企业的高管与职工的收入差距扩大得更快，一直持续到 2010 年，2010—2012 年收入差距保持平稳，2012 年后略微下降，到 2015 年又略微上升。国有企业的高管与职工收入差距在 2005—2012 年一直在扩大，2012 年后有所下降，其下降幅度大于非国有企业。总体来说，国有企业的收入差距小于非国有企业。

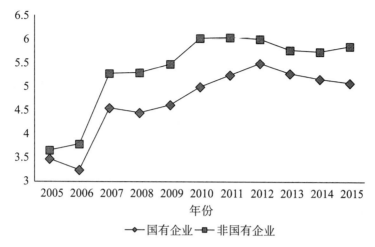

图 2.11　2005 年—2015 年高管与普通职工收入差距

数据来源：国泰安数据库。

# 2.5　社会贫困状况

假设个体的收入 $X$ 是一个随机变量，贫困线 $Z$ 由社会最低生活标准测量得到。如果个体的收入小于 $Z$，则认为该个体属于绝对贫困；如果个体的收入大于或等于 $Z$，则认为该个体不贫困。考虑到不同个体的贫困程度有所不同，为了更加精确有效地测度贫困状况，我们使用 $P\ (z,\ x)$ 定义个体的贫困程度，$P\ (z,\ x)$ 满足：$\partial P/\partial x<0$，$\partial P^2/\partial x^2>0$，$P\ (z,\ z)\ =\ 0$，意味着个体贫困随着收入的增加严格单调降低，并且降低的速度变快。如果个体的收入等于 $Z$，则认为该个体不贫困。通过个体的贫困程度度量方法，可以测度整个社会的贫困程度，得到式（2.1）。

$$\theta =\int_0^z P(z,\ x)f(x)\,\mathrm{d}x \tag{2.1}$$

其中，$f\ (x)$ 是变量 $x$ 的概率密度函数。Foster 等（1984）提出了 $P\ (z,\ x)$ 的具体函数形式 $P\ (z,\ x)\ =\ (z-x)^\alpha/z^\alpha$，代入式（2.1），得到具体的社会贫困度量指数：

$$\theta_\alpha =\int_0^z \left(\frac{z-x}{z}\right)^\alpha f(x)\,\mathrm{d}x \tag{2.2}$$

其中，$\alpha$ 是不平等厌恶系数，衡量给予贫困人口的权重。当 $\alpha=0$ 时，$\theta_0$ 为贫困发生率指标，即贫困人口占总人口的比例，称为贫困广度；当 $\alpha=1$ 时，以个体收入到贫困线的相对距离对不同个体赋予权重，$\theta_1$ 称为贫困深度；当 $\alpha =$ 2 时，以个体收入距贫困线相对距离的平方对不同个体赋予权重，$\theta_2$ 称为贫困强度。

本部分使用的数据来自中国家庭追踪调查（CFPS）。CFPS 在 2008 年、2009 年在北京、上海、广东三地分别开展了初访与追访的测试调查，并于 2010 年正式开展访问。本书采用能获得的最新数据，即 2012 年 CFPS 的全国抽样调查数据。其样本覆盖 25 个省（区、市），样本规模为 16 000 户，调查对象包含样本家户中的全部家庭成员。

选择 2012 年的调查数据，我们需要 2012 年的贫困线指标。国家在 2011 年公布的农村扶贫标准为 2 300 元，在此基础上，运用 CPI（消费物价指数）调整得到 2012 年的农村贫困线，并以农村贫困线为基础，利用城乡居民消费价格指数计算了城市居民贫困线和全国贫困线。另外，为了更加全面地对比了解中国贫困现状，我们也采用了世界银行的贫困线和更加宽泛的国际贫困线。世界银行 2008 年设定的国际贫困线新标准为每人每天 1.25 美元，运用 PPP（购买力平价指数）换算成人民币为 1 697.25 元/年。更宽泛的国际贫困线标准为每人每天 3 美元，用同样的方法换算成人民币为 4 073.4 元/年。3 条贫困线标准的具体值如表 2.9 所示。

表 2.9　2012 年贫困线标准　　　　　　　　　　　　　　（元/年）

| 区域 | 我国 2011 年贫困线 | 世界银行贫困线 | 宽泛国际贫困线 |
| --- | --- | --- | --- |
| 全国 | 2 382.33 | 1 697.25 | 4 073.4 |
| 城市 | 2 501.94 | 1 697.25 | 4 073.4 |
| 农村 | 2 357.65 | 1 697.25 | 4 073.4 |

资料来源：国家统计局年鉴、世界银行数据库。

贫困线是以人均收入来衡量的，我们采用的 CFPS2012 年是以家庭为基本单位，由于各个家庭的规模与人员组成不同，需要通过等值规模调整，使得人均收入具有可比性。等值规模调整的方法有很多，借鉴国际上常用的三种方式，采用 EU 等值规模、OECD 等值规模和 Luxembourg 等值规模。

我们运用 CFPS2012 年的数据，使用贫困指数，采用未经调整、Luxembourg 等值规模调整、OECD 等值规模调整以及 EU 等值规模调整的个人收入，分别测算得到全国、城镇和农村的贫困现状，结果如表 2.10 所示。其中 $\theta_0$、$\theta_1$ 以及 $\theta_2$ 分别表示 $\alpha$ 取值为 0、1、2 时的贫困情况，即贫困广度、贫困深度和贫困强度。

从表 2.10 中我们可以看出，无论选择的贫困线为国内贫困线、世界银行贫困线还是宽泛的国际贫困线，无论 α 的取值为 0、1 还是 2，贫困指数的排序都是 EU 等值规模调整<Luxembourg 等值规模调整<OECD 等值规模调整<未经调整。未经调整的个人收入，即为家庭人均收入，采用这种方法度量贫困时，忽略了家庭成员之间可以共享经济，以及不同家庭结构维持相同生活标准所需的收入不同的情况，因此会高估贫困率。经过等值规模调整后，不同的家庭成员结构和规模被赋予不同的权重，得到的贫困率均明显低于未经调整的贫困率，因此采用等值规模进行调整可以更加合理地评估我国的贫困现状，也更加符合现实。

从全国贫困情况中可以看出，以国内贫困线为标准，按照 Luxembourg、OECD 和 EU 等值规模调整后，我国贫困发生率分别为 9.13、10.65 和 8.39；以世界银行贫困线为标准，分别为 3.50、4.25 和 3.14，若采用宽泛国际贫困线，则三项指标分别为 1.76、2.26 和 1.54。贫困线设置的越高，处于贫困线以下的人口就越多，相应度量出的贫困指标就越高。表 2.10 的结果显示，虽然改革开放后我国一直致力于大规模开发式扶贫，且成效显著，但是我国目前的贫困问题依旧十分严峻。

通过比较城镇和农村贫困指数发现，我国城乡收入差距大，农村的各项贫困指标均为城市的 2 倍以上。以国内贫困线为标准，农村贫困率高达 32.35%，即使经过等值规模调整，贫困发生率也均在 20% 以上，即有超过五分之一的农村人口不能达到社会最低生活标准，而相应的城市贫困发生率在 10% 左右，仅为农村的一半。因此，我国的收入不平等现象依旧十分严峻，政府仍需加大力度缩小收入差距，加快农村发展，尽快减少农村贫困人口数量。

表 2.10　社会贫困状况　　　　　　　　　（单位:%）

| | 国内贫困线 | | | 世界银行贫困线 | | | 宽泛国际贫困线 | | |
|---|---|---|---|---|---|---|---|---|---|
| | $\theta_0$ | $\theta_1$ | $\theta_2$ | $\theta_0$ | $\theta_1$ | $\theta_2$ | $\theta_0$ | $\theta_1$ | $\theta_2$ |
| 全国 | | | | | | | | | |
| Luxembourg 等值规模 | 9.13 | 5.80 | 16.54 | 3.50 | 1.88 | 7.44 | 1.76 | 0.82 | 4.33 |
| OECD 等值规模 | 10.65 | 6.90 | 18.66 | 4.25 | 2.43 | 8.62 | 2.26 | 1.15 | 5.15 |
| EU 等值规模 | 8.39 | 5.26 | 15.59 | 3.14 | 1.63 | 6.87 | 1.54 | 0.69 | 3.94 |
| 未经调整 | 13.65 | 9.31 | 24.19 | 5.96 | 3.70 | 11.34 | 3.40 | 1.94 | 7.02 |
| 城镇 | | | | | | | | | |
| Luxembourg 等值规模 | 5.48 | 2.98 | 9.62 | 1.96 | 0.90 | 4.08 | 0.96 | 0.37 | 2.30 |

| | 国内贫困线 | | | 世界银行贫困线 | | | 宽泛国际贫困线 | | |
|---|---|---|---|---|---|---|---|---|---|
| | $\theta_0$ | $\theta_1$ | $\theta_2$ | $\theta_0$ | $\theta_1$ | $\theta_2$ | $\theta_0$ | $\theta_1$ | $\theta_2$ |
| OECD 等值规模 | 6.18 | 3.55 | 11.09 | 2.38 | 1.19 | 4.78 | 1.22 | 0.53 | 2.74 |
| EU 等值规模 | 4.99 | 2.62 | 9.11 | 1.73 | 0.75 | 3.72 | 0.82 | 0.30 | 2.06 |
| 未经调整 | 8.27 | 4.99 | 14.83 | 3.37 | 1.89 | 6.50 | 1.88 | 0.95 | 3.86 |
| 农村 | | | | | | | | | |
| Luxembourg 等值规模 | 12.80 | 8.60 | 22.72 | 5.16 | 2.98 | 10.60 | 2.71 | 1.40 | 6.34 |
| OECD 等值规模 | 14.96 | 10.15 | 25.38 | 6.20 | 3.76 | 12.18 | 3.41 | 1.89 | 7.48 |
| EU 等值规模 | 11.90 | 7.92 | 21.40 | 4.70 | 2.64 | 9.86 | 2.42 | 1.21 | 5.83 |
| 未经调整 | 18.98 | 13.37 | 32.35 | 8.52 | 5.50 | 15.74 | 4.98 | 3.00 | 9.99 |

## 2.6　本章小结

本章从城乡居民收入、流动人口收入、不同行业与所有制性质的收入、企业内部高管与普通职工收入、社会贫困状况五个方面考察中国居民收入分配差距及其变化情况。具体来说，城乡居民之间收入分配差距较大但有略微缩小的趋势。自 2000 年以来，城乡内部的收入差距在不断扩大。

我国流动人口之间的收入分配差距与性别、年龄、受教育水平、外出务工时间长短、流动人口所在就业单位性质和所属行业等因素均有关系。一般来说，男性流动人口的平均收入要高于女性；流动人口中，中青年在就业市场上的相对竞争力更强；流动人口的收入与其受教育水平呈显著正相关关系；在外出务工地所待时间越长，对当地生活环境会越适应，其收入也会越高，但收入水平与外出务工时间长短也存在天花板效应。在 CHIP2002 年和 CHIP2007 年中，流动人口从业人数最多的三大行业中，月均收入最高的是建筑业。

我国的收入分配差距也体现在不同行业、不同所有制类型的就业人员之间。微观层面，我国企业高管之间、职工之间、高管和职工之间的薪酬也存在差距。其中，高管薪酬差距、普通职工薪酬差距较大。分行业来看，无论是高管薪酬差距，还是普通职工薪酬差距，制造业在所有行业中都是最大的，在教育、卫生和社会工作行业相对较小。

贫困问题依然严峻，农村的贫困状况比城镇更严重，农村的各项贫困指标均为城市的 2 倍以上，超过五分之 的农村人口不能达到社会最低生活标准。

# 3 | 中国税收再分配的制度背景分析

## 3.1 转型期中国社会经济背景

在从原有的中央计划经济向自由市场经济转型的过程中，中国坚持推进渐进式经济转型路线，始终保持着平稳而高速的经济增长。经济基础决定上层建筑，生产力的发展必然引起生产关系的变革。从计划经济体制向社会主义市场经济体制转型的过程中，经济体制转型带动社会制度创新。当然，随着渐进式转型的日益推进，转型带来的社会经济问题和市场机制的不完善导致居民收入差距的扩大，收入分配格局的总体失衡已经成为深化改革的一大挑战。

### 3.1.1 社会经济转型的历史阶段

1978 年开启的改革开放，促使中国经济社会进行真正意义上的转型。以1978 年为起点，社会经济渐进式转型可以划分为探索期、突破期以及深化期三个阶段。

第一，经济转型的探索期。这一时期大致是 1978—1992 年。虽然 1978 年召开的党的十一届三中全会开启了中国的改革开放，但关于是继续坚持计划经济还是走社会主义市场经济改革的道路的争论依然激烈。东欧剧变和苏联解体也给我国经济社会转型的方向和道路带来了诸多不确定性。在这一时期，我国探索社会主义市场经济的步伐从未停止。例如，1980 年 5 月，我国设立了深圳、珠海、汕头、厦门四个经济特区；1983 年 4 月，中共中央、国务院批准了《关于加快海南岛开发建设问题讨论纪要》，并在 1988 年 4 月召开的第七届全国人大一次会议上正式批准建立海南省，建立我国最大的经济特区——海南经济特区；1992 年 10 月，党的十四大明确提出"建立社会主义市场经济体制"的改革目标，中国经济社会转型的方向也得到明确。

在这一时期，中国在政治集权的基础上进行着广泛的经济放权。放权从两个层面进行：第一，政府间纵向的经济放权，赋予了地方政府经济发展决策权；第二，政府与市场横向的经济放权，扩大了企业经营自主权和市场配置资源的能力。在放权改革进程中，企业遵循渐进式改革路径，沿着市场化方向，改变了平均分配的薪酬制度，建立起基于经营绩效的薪酬体系。通过不断改善员工薪酬激励机制，企业提高了市场活力与生产效率，逐渐摆脱了僵硬机制的约束，增强了竞争能力。1985 年，计划经济时期平均主义的等级工资制取消，推行工效挂钩制的结构性工资改革。1986 年国务院发布《国务院关于深化企业改革增强企业活力的若干规定》，推行厂长（经理）负责制和承包制。1992 年《关于改进完善全民所有制企业经营者收入分配办法的意见》的发布表明我国开始对国营企业经营者实行分档次的工资奖励。

第二，经济转型的突破期。1993—2001 年是中国经济实现"软着陆"并为进一步腾飞积蓄力量的关键时期。1993 年的中国经济就好比一匹瘦弱的小马，在外部力量的作用下拉着一辆大车飞奔。在党的坚强领导下，在全国人民的共同努力下，1993 年 7 月至 1996 年年末，我国经济通货膨胀率大幅下降，经济增长率略微下降，经济成功实现"软着陆"。随后的亚洲金融危机考验了我国经济的发展。为了应对危机，1998 年开始的国企改革和去产能不仅在经济领域，也在社会领域产生了巨大的影响，如国企职工下岗潮。

1993 年，党的十四届三中全会通过的《中共中央关于建立社会主义市场经济体制若干问题的决定》允许一部分人先富起来，建立了以按劳分配为主体，效率优先、兼顾公平的收入分配制度。然而，在体制转轨过程中，市场监督与管理机制并不健全，收入分配关系被严重扭曲。这一时期的居民收入差距持续扩大，而一部分人依靠偷税漏税、徇私腐败等非法行为获取的黑色和灰色收入规模庞大，进一步扩大了收入差距。政府开始寻求通过法律和财税政策完善分配结构、改进分配方式，政府再分配作用逐渐受到关注。

第三，经济转型的深化期。从 2002 年至今，甚至是未来较长的一段时期，都是我国改革开放的深化期、攻坚期，经济社会转型的步伐不断加快。中国成功加入世界贸易组织，对外开放的程度得到加深。伴随着我国的经济发展，对外交流日益频繁，经济社会在这一时期经历了深刻的变革，包括经济体制、政治体制、社会体制、文化体制等方面。经济体制改革方面最为重要的就是正确处理好政府和市场的关系。从党的十五大到党的十八大，再到党的十八届三中全会，政府对市场在资源配置中发挥基础性作用的提法不断深入，从语境的变化可以看出，经济体制改革在更好发挥政府和市场两只手作用的引导下有序推进。政治体制改革方面的演进逻辑则是在各方博弈和策略选择过程中，团结全国各族人民，为我国的社会主义现代化建设凝聚更多的力量；稳中求进，走渐进式政治改革路线，在使生产关系更好地适应生产力的发展要求方面取得显著成效。社会体制和文化体制改革方面，则沿着创造更加文明、和谐的社会氛围，营造更具活力、开放、健康的文化氛围而不断前行。

尤其是党的十八届三中全会以来，在推进国家治理体系和治理能力现代化，促进经济结构转型升级、培育发展新动能、加快发展新经济，建设社会主义文化强国、增强国家文化软实力等方面取得了长足发展。党的十八届三中全会提出财政是国家治理的基础和重要支柱、是全面改革的支撑。通过预算管理制度改革、税收制度改革、中央与地方政府关系改革建立现代财政制度。以财政制度的改革为突破口和动力，推动政治、经济和社会等各方面的全面改革。

在这一时期，我国居民收入差距持续扩大，居民收入基尼系数超过国际警戒线，整个社会阶层固化程度不断加深，弱势群体向上流动比较困难。为了解决这一问题，中央要求深化分配制度改革，强调再分配需更加注重公平。具体来说，一方面逐步提高居民收入在国民收入分配中的比例，另一方面提高劳动报酬在初次分配中的比例，强化政府的收入分配调节功能。

### 3.1.2　转型期社会经济特征

1978 年召开的党的十一届三中全会开启了中国市场化改革的序幕，1992 年党的十四大确立了建立社会主义市场经济体制的目标，标志着中国经济体制改革进入了深化阶段和加速阶段。改革开放不仅为中国经济增长注入了新的活力，使中国经济增长步入黄金发展阶段，同时随着改革开放的不断深入，转型期中国的各项制度也朝着更加适应社会主义市场经济的方向演变。经济社会发展带动制度改革，制度改革和变迁也为经济发展松绑，带来更多的发展动力，两者形成相互促进的良性互动关系，这是转型期中国社会经济发展和制度变迁的特点。

转型期中国的社会经济特征主要体现在以下几个方面：

政治经济体制层面。第一，以公有制为主体、多种所有制经济共同发展的基本经济制度，是社会主义市场经济体制的根基。社会主义市场经济制度的确立和不断强调，坚定了转型期中国经济发展的选择和路径。第二，社会主义市场经济体制打破了计划经济体制下吃"大锅饭"的具有平均主义思想的分配制度，提高了劳动者的生产积极性和企业的市场活力，为转型期的经济建设提供了丰富的生产要素，农村富余劳动力向城镇转移，充分释放"人口红利"。第三，在中央财政收入占全国财政收入比重和财政收入占国内生产总值比重不断下降的背景下，为增强中央政府宏观调控能力，使财税体制更好地服务于经济发展，使政府更好地提供公共产品和服务，缩减地方财力差距，保障财政资金的"保民生""保运转"功能，促进基本公共服务的均等化，调动中央和地方两个积极性，1994年开始的分税制改革建立了我国分级分税财政预算管理体制。实行一级政权一级预算主体（到县一级），各级预算具有相对独立性；收入划分实行分税制，并通过转移支付制度调节地方政府之间和央地政府之间的财力分配不平衡。2015年，素有"经济宪法"之称的新修订的《中华人民共和国预算法》开始实施，对于规范政府收支行为，强化预算约束，加强对预算的管理和监督，建立健全全面规范、公开透明的预算制度，保障经济社会的健康发展具有重要的意义。第四，自1978年开始以"放权让利"为中心的国企改革工作以来，国企改革一直是转型期中国经济体制改革的重要方面。1983年、1984年的"利改税"工作是改变计划经济体制下的国有企业激励制度，使国有企业能更好地适应社会主义市场经济需要的重要改革。第五，转型期中国经济对外开放的程度不断提高，资本市场的对外开放度不断提高便是其中之一。人民币汇率市场化机制不断完善、"沪港通""深港通"的开通及"沪伦通"的谈判，都是转型期中国资本市场对外开放的重要方面。第六，2008年金融危机以来，我国经济发展进入新常态，经济增速呈放缓趋势，下行压力较大。在这种背景下，2015年年末以来，以"三去一降一补"为主要内容的供给侧结构性改革不断推进。供给侧结构性改革实施以来，我国有效化解了钢铁、煤炭、玻璃、水泥等行业的过剩产能，房地产库存也得到了有效消化，以"营改增""正税清费"为主要内容的降成本有序推进，经济和社会发展的短板得到了弥补。第七，政治集权、经济分权是我国转型期的典型特征。政治集权体现为在中央和地方政府的政治生态上，中央政府具有高度的权威性，在人事任命、权利制约等方面具有绝对的主导权。经济分权主要体现在两个方面：一是近年来中央政府对地方政府在经济上的适度分权，如将部分经济审批权下放给地方政府；二是政府与市场关系的重新定位，政府从基础的资源配置过程中撤出，让市场起决定作用。

社会结构和社会体制层面。第一，伴随着市场化改革的浪潮，社会经济发展更具多元化、个性化。在物质利益得到极大丰富的同时，文化建设、精神文明建设相对缓慢。在经济发展取得巨大成就的同时，社会发展却出现了各种各样的问题，社会矛盾也有加剧的趋势，如城乡发展不平衡、城乡之间收入分配差距较大（包括公共服务水平的城乡差距、人均受教育水平的城乡差距等），社会诚信体制不完善带来的医患矛盾、假冒伪劣产品在某些地区盛行等问题。第二，伴随着对外开放步伐的加快，社会经济发展的包容性也得到提高，科学、民主的观念在政治、经济、文化、社会各领域都有所增强。以信息技术革命为代表的技术进步极大丰富了人们的生活，信息传输与交流的快捷便利了人们学习新知识、接受新思想。第三，作为世界上最大的发展中国家，中国经济的腾飞在一定程度上是以资源、能源的大量消耗和环境污染为代价的。我们已深刻认识到了先污染后治理道路的危害和不可持续性，如当前阶段以雾霾为典型代表的环境污染问题较为严重，环境治理形势严峻。第四，人情至上的关系型社会结构依然体现在社会生活的方方面面。从"人治"到"法治"的转变必然伴随着人情在社会中地位的下降，但在儒家文化数千年的熏陶和影响下，人情仍然是维系社会经济运行的核心力量之一。同时，再加上民主法治建设走过的路还较短，政治决策在很大程度上仍会被人情所左右，政策的执行效果也会受到"关系"的干扰。

### 3.1.3 转型期社会经济代价

经济领域的市场化改革和对外开放给中国经济社会的发展释放了巨大的活力，在"人口红利"和"制度红利"的推动下，中国经济创造了举世瞩目的发展奇迹，社会领域的改革也在经济基础的推动下稳步推进。但是，中国社会经济的转型也付出了较大的代价。

政治经济层面。第一，我国社会经济转型的最大特点之一是由计划经济体制向市场经济体制转型。由于我国是单一制国家，计划经济体制下已经形成了政府对资源配置绝对的控制力和权威，因此相对于市场，政府在经济社会发展过程中的力量相当强大，再加上我国法治化建设相对滞后，政府与市场的边界划分不明晰，政府这只"看得见的手"经常会介入和干预市场这只"看不见的手"配置资源，因此强权政府下的寻租和腐败问题较为突出。第二，改革开放前期，我国的经济增长得益于"人口红利"和"制度红利"，依靠投资驱动，而非创新和技术驱动。我国是制造业大国，而非制造业强国；是简单的、低技术含量的"世界工厂"，而非富有创造力的"世界创新之国"。因此我国经济走的是粗放型增长道路，而非集约型增长道路。在经济做大做强之后，转型是势在必行的。但由于长期形成的惯性，尤其是在体量已经非常大的情况下，转型之路会异常艰难。第三，利益集团在40多年间迅速形成、发展、壮大和固化，这也是政治经济改革步入深水区需要"啃硬骨头"的关键原因。

社会层面。第一，改革开放打破的是原有计划经济体制下吃大锅饭的格局，市场化改革释放的是人的主观能动性、创造力和活力，追求公平让位于追求效率，这带来的必然是收入分配差距的不断扩大。我国基尼系数从 1997年的 0.37 增长到 2015 年的 0.46，18 年间增长了约 25%。我国城乡人均收入的绝对差距不断扩大，从 1990 年的 824 元增加到 2014 年的 19 489 元，城乡人均收入的相对差距呈现先上升后下降的趋势，但总体上是波动上升的。更为突出的是，这种收入分配差距不断扩大的格局已经形成了一种逐渐固化的、难以逆转的趋势。房价高涨条件下有产者与无产者之间的差距、教育资源分配不公平条件下城乡之间或城镇内部高学历群体与低学历群体之间的收入分配差距等都是短期内无法解决的问题。第二，受限于经济社会发展的基础较为薄弱，我国经济发展，尤其是改革开放初期，走的是高污染高消耗的粗放型发展道路，是以牺牲资源和环境为代价的经济增长。进入 21 世纪以来，我国环境问题日益突出（尤其是近年来全国范围内出现的雾霾天气），"先污染后治理"的道路让我国付出了沉重的代价。在经济增长速度放缓、社会矛盾不断加剧的背景下，环境污染的治理变得尤为棘手。比如说雾霾的治理：工业废气、汽车尾气等是雾霾产生的重要原因，除了技术升级之外，工业废气的减少还依赖工厂的减产和停产（如北京的"两会蓝""APEC 蓝"），除了油品升级之外，汽车尾气的减少还依赖车辆的控制，这会对工业生产造成影响。第三，我国经济建设成就显著，用 40 余年的时间走完了西方发达国家上百年甚至几百年的路程。但政治建设、文化建设等软实力建设相对滞后于经济建设。人们在强烈追求物质利益的同时却忽略了自身综合素质的提升，在追求物质生活丰富的同时忽略了道德、亲情、友情等人生不可或缺的重要因素，由此带来的社会问题（如社会整体上的浮躁氛围、道德问题）成为我国经济社会转型所付出的代价。

## 3.2　转型期中国税收再分配制度[①]

税收，在本质上体现的是一种分配关系，这种抽象的分配关系需要通过一系列制度才能在现实中得到具体体现。因此，税收制度是基于社会现实的

---

[①]　本书的研究，税收法律制度截至 2017 年 6 月，虽然现在政策、制度已有更新，但是对于实证研究结果无影响。

税收规则体系的集合。正是在这一系列规则体系的规范和约束下，人们对于所享受的公共产品和公共服务的成本费用的支付机制才得以形成。税收制度根植于社会经济现实中，同时也是影响社会经济发展的重要因素。税收制度的变迁与整个社会经济制度的发展和演化密不可分，不同时期税收制度的特征在很大程度上是由当时的社会经济发展水平决定的。收入再分配是税收的主要功能之一，税收调节收入分配的效果不仅依赖于自身的设计和安排，同时受到其他社会经济制度等外部环境的影响。

### 3.2.1 税收制度的变迁与特征

改革开放以来，税收制度的变迁以 1994 年与 2013 年为界，可以划分为三个重要的阶段。

第一，1978—1994 年是税制改革的第一个阶段。

改革开放前夕，我国共有 13 个税种，分别是工商税、工商统一税、牲畜交易税、集市交易税、工商所得税、城市房地产税、车船使用牌照税、契税、屠宰税、农业税、牧业税、关税和船舶吨税。其中，牲畜交易税、盐税和牧业税没有制定全国统一的法规，由各地自行制定办法征收。国营企业缴纳工商税，集体企业除了缴纳工商税，还需缴纳工商所得税，农村生产队一般只缴纳农业税。

1978 年的经济体制改革伴随着一系列的配套改革，税收制度改革是其中重要的一个方面。在传统的计划经济体制下，国营企业是国家财政的基础，因此这一时期的税收制度改革中一条重要的主线就是围绕国营企业展开的。改革之前，国家与国营企业之前的利润分配制度是统收统支模式。国营企业利润需全部上缴，如若亏损，也由国家补偿，企业缺少经营自主权。这导致整个国营企业生产积极性不高，活力不够，进而导致整个国民经济的发展动力不足。因此这一时期税收制度改革的主要目的之一就是利用税收制度厘清国家和国有企业之间的分配关系，在保证国家财政收入的同时，赋予国有企业更多的经营自主权，以增强其市场竞争力和发展活力。这一时期以国营企业为主线的经济体制改革部分主要围绕"利改税"全面展开。在这个过程中，我国税收制度完成了从计划经济体制下相对单一的税收制度体系向更加适应市场经济的多税种相互协调和补充的复合税制体系的转变。这种转变主要体现在以下三个方面：

首先，国家分两步对国营企业实行利改税，推出企业所得税。1980 年以后，国家前后选取了 600 多家国营企业开展利改税的前期试点工作。三年后，在试点经验的基础上，我国于 1983 年 1 月和 1984 年 10 月，分两阶段逐步对国营企业实行全面的利改税。1983 年进行的利改税工作主要是把国营大中型盈利企业向国家全额上缴利润改为向国家缴纳税率为 55% 的企业所得税，税后剩余的利润也不是全部留给企业，而是一部分按照国家规定的标准留给企业自行使用，余下的部分则以调节税的形式，按固定比例或采取包干的办法上缴国家财政。对于那些国营小型企业中的盈利企业，则规定其按八级超额累进税率缴纳所得税。税后利润原则上全部留给企业，但对于少部分利润较多的国营小型企业，国家对其收取一定的承包费。对于那些盈利非常少或亏损的国营企业，原则上是采取盈亏包干的方式。1984 年进行的第二阶段的利改税工作主要是在前期工作的基础上继续推进国营企业的利润上缴制度向缴纳所得税和调节税制度转变，同时赋予国营企业对税后利润更多的自主使用权。

其次，国家对流转税体系进行了较大的调整和完善。将计划经济时期征收的工商税按照征税对象进行细化，设立产品税、增值税、营业税、盐税等单独税种。其中，增值税是在 1979 年试点的基础上新设的一个流转税种。1979 年，国家开始调研增值税的可行性，一年后选择长沙、柳州等城市，针对存在较为突出的重复征税问题的机器机械和农业机具两个行业进行增值税试点。试点一年后，国家将试点范围扩大到自行车、缝纫机、电风扇生产三个行业。1983 年，国家将增值税试点地区扩大到全国，并在 1984 年由国务院颁布了《中华人民共和国增值税暂行条例（草案）》。1993 年，我国工商税制体系进行了一次较为彻底的全面改革，并在 1993 年 12 月 13 日颁布了《中华人民共和国增值税暂行条例》，由于固定资产的进项税额不能抵扣，因此这一时期的增值税为生产型增值税。

最后，针对国营企业和国民经济增设新税种。由于我国的资源具有油少煤多的特点，为了引导企业以煤代油，1982 年，我国对原油和重油的使用开征烧油特别税。1983 年，我国开始征收建筑税以控制企业自筹资金用于基本建设的规模，该税种在 1991 年发展为固定资产投资方向调节税。1984 年，我国开始征收税率为 30%～300% 的具有 3 级超额累进税率的国营企业奖金税，以抑制当时消费基金过快增长的势头。1985 年，我国开始征收集体企业奖金税、事业单位奖金税，对工资总额与经济效益挂钩浮动的国营企业，征收国营企业工资调节税。为了促进资源的合理使用，适当调节自然资源由于开采条件、纯度等差异形成的级差收入，我国对自然资源中的天然气和煤炭开采征收资源税。

此外，伴随着经济开放度的不断提高，外资经济发展迅速，为了维护国家利益，引导外资经济更好地服务于国家发展的需要，我国制定了一系列涉外税收制度。流转税方面，我国暂时依据 1958 年的《中华人民共和国工商统一税条例》对涉外企业的销售收入征税。1980 年 9 月，国家针对中外合资企业征收税率为 30% 的企业所得税，再加征税率为 10% 的地方所得税。同时，1980 年第五届全国人大第三次会议通过《中华人民共和国个人所得税法》，针对在我国境内居住的外国人在国内取得的各项所得征收个人所得税。1982 年，我国开始征收外国企业所得税。

基于利改税的总体构想，国家针对集体经济和民营经济也制定了相关的税收制度。1985 年，我国开征具有 10%~50% 的 8 级超额累进税率的集体企业所得税。1986 年，我国开征具有 7%~60% 的 10 级超额累进税率的城乡个体工商业户所得税，并对应纳税所得额超过 5 万元的部分，加征 10%~40% 的所得税。1988 年，我国开征税率为 35% 的私营企业所得税。1987 年开始，我国针对本国公民的个人收入征收个人调节税。1988 年起，我国针对私营企业主将企业税后利润用于个人消费的部分征收税率为 4% 的个人收入调节税。

另外，这一时期我国还开征了一些具有调节性质的税收，如 1987 年开征促进土地资源合理使用、管理以及农业耕地保护的耕地占用税，1988 年开征筵席税，1988 年开征针对彩电、小轿车消费的特别消费税。

这一时期的税制改革主要是围绕由计划经济体制向社会主义市场经济体制转变展开。筹集财政收入、调动地方积极性、释放企业和个人的生产积极性是这一时期税收制度的主要目标。针对国营企业的"利改税"工作，改变了计划经济体制下财政资金与国营企业利润划分不清的局面，为国营企业内部建立现代企业制度、解决信息不对称下的委托-代理问题奠定了基础。这一时期我国的税收体系是以间接税为主、直接税为辅。由于当时我国社会经济发展水平较低，公民的纳税意识不强，为了更好地筹集财政收入，为社会经济的发展提供财政支持，因此这一时期我国实行的是以流转税为主的税收体系。这一时期居民收入分配差距较小，为了刺激个人和企业的生产积极性，所得税、财产税等直接税占比非常低。由于免征额较高，这一时期的个人所得税主要是针对外国人在华所得征税。为了释放地方政府发展经济的积极性和活力，这一时期我国财政体制实行的包干制，与此相适应，税收制度也做了相应的安排。

第二，从分税制改革（1994 年）到党的十八届三中全会（2013 年）是第二阶段。

随着建立社会主义市场经济目标的进一步巩固，市场经济体制改革的进程逐步加快，税收制度作为经济体制的重要一环，也朝着更好地适应市场经济发展的方向发展。1994 年的分税制改革在"统一税法、公平税负、简化税制、合理分权、理顺分配关系、规范分配方式、保障财政收入、建立符合社会主义市场经济要求的税制体系"的指导思想下进行。

所得税方面，1994 年，我国开始统一内资企业所得税，取消国营企业调节税和"两金"，2007 年，第十届全国人大五次会议通过了《中华人民共和国企业所得税法》，内外资企业所得税税率统一为 25%。我国建立统一的个人所得税，并在 1999 年、2005 年、2007 年、2011 年对《中华人民共和国个人所得税法》进行了五次修订。流转税方面，经过分税制改革，统一流转税制，我国形成了由增值税、消费税、营业税以及关税共同构成的新的流转税体系。

其他税种方面，1994 年，我国开始实行《中华人民共和国土地增值税暂行条例》，开征土地增值税。颁布重新修订的《中华人民共和国资源税暂行条例》自 1994 年 1 月 1 日起执行。2016 年 5 月 10 日，财政部、国家税务总局联合发布《关于全面推进资源税改革的通知》，自 2016 年 7 月 1 日起，我国全面推进资源税改革。《中华人民共和国房产税暂行条例》从 1986 年 10 月 1 日开始实施，由于该房产税所规定的免征范围太大，导致征税范围较小，不具备调节房价和收入分配的功能。自 2001 年 1 月 1 日起，我国开始实施《中华人民共和国车辆购置税暂行条例》，开征车辆购置税，这也可以视为财产税的一种。

这一时期，我国进入了经济社会改革的突破期和深化期，社会主义市场经济条件下的各项体制机制逐步建立和完善，税制改革在这一时期兼顾效率和公平。虽然这一时期我国仍以间接税为主，但直接税体系也得到了较大程度的完善。1994 年统一内资企业所得税、2007 年统一内外资企业所得税，为企业的经营和发展营造了公平的税收环境。1994 年实行统一的个人所得税以及后续对《中华人民共和国个人所得税法》的五次修订，主要是为了增强个人所得税调节收入分配的作用，缩小社会贫富差距。拥有收入分配功能、能促进社会公平的房产税改革也主要是基于公平视角考虑的。为了促进社会分工、减少重复征税对市场造成的扭曲，"营改增"试点也在这一时期展开。

第三，自党的十八届三中全会（2013 年）至今，是税制改革的第三个阶段。

2013 年召开的党的十八届三中全会将财政提到了前所未有的高度，将深化财税体制改革确定为促进国家治理体系和治理能力现代化的重要手段，由此拉开了新一轮税制改革的序幕。税制改革的总体目标为提高直接税占比，统一税制，实现税负公平与税收优惠的规范管理。在税收征管上，完善国税、地税征管体制。具体到各个税种上，分别进行相应改革，重点调整增值税、消费税和个人所得税，建立完善房地产税与环保税。"营改增"是这一时期完成的重要税制改革。2012年，"营改增"在上海的"1+6"行业率先试点，其中"1"为包括陆路、水路、航空、管道运输在内的交通运输业，"6"包括研发和技术服务、信息技术服务、文化创意服务、物流辅助服务、有形动产租赁服务、鉴证咨询服务。经过试点后，2016年5月1日，"营改增"全面铺开。

这一时期税制改革的主要目的是促进财政作为国家治理的基础功能和支柱功能的发挥，提高国家治理体系和治理能力的现代化水平。在提高效率方面，"营改增"是最重大的举措。从试点到全面铺开，历时近5年的"营改增"有效降低了企业税负，促进了社会分工，完成了从生产型增值税向消费型增值税的转变，提高了我国流转税体系的效率。在促进公平方面，消费税改革、资源税改革、环境保护费改税改革都是通过税收手段促进资源节约和环境保护，以此矫正资源环境破坏行为的负外部性，促进社会公平的有效途径。作为直接税的个人所得税改革、房产税立法及相关改革，在这一时期日益受到社会的广泛关注，也是今后一段时期我国税制改革的主要任务之一。

目前我国税收分为商品和劳务税、所得税、资源税、财产和行为税、特定目的税五大类，共有18个税种。个人所得税、企业所得税、车船税和环保税这4个税种已经立法，其他绝大多数税收事项都是依靠行政法规、规章及规范性文件来规定。

### 3.2.2　税收再分配的主要政策工具

筹集财政收入、调节收入分配是税收的两大职能。本部分主要就税制特征探讨部分税种的再分配功能。

#### 3.2.2.1　个人所得税

个人所得税是实施收入再分配的最重要的税种。我国现行的《中华人民共和国个人所得税法》于2011年经第十一届全国人大第二十一次会议修订。个人所得税采取分类征收的办法，包括累进税率和比例税率。免征额和扣除标准的合理设置有利于调节收入分配，减少中低收入群体的税收负担。当前我国工资、薪金所得的免征额为3 500元，税率分为3%、10%、20%、25%、30%、35%、45%共七档。超额累进税率的设置是个人所得税调节收入分配的最重要的工具。在现行税制中，个人所得税是我国的第四大税种（营业税不再考虑），2015年全国个人所得税收入8 617亿元，占当年税收收入的比重为6.9%。表3.1列出了《中华人民共和国个人所得税法》最新修订后，2011—2014年工薪收入、经营收入、财产收入占个人收入的比重，以及这三类收入所纳个人所得税占个税总额的比重。从表3.1可知，对工薪所得征收的个人所得税平均税率最低，财产收入缴纳的个税比重不高。

表 3.1　工薪收入、经营收入与财产性收入缴纳个税比重

| 年份 | 占个人收入比重/% | | | 缴纳个税占个税总额比重/% | | |
|---|---|---|---|---|---|---|
| | 工薪收入 | 经营收入 | 财产收入 | 工薪收入 | 经营收入 | 财产收入 |
| 2011 | 84.35 | 12.09 | 3.56 | 65.52 | 15.26 | 19.22 |
| 2012 | 84.19 | 12.38 | 3.43 | 62.89 | 14.82 | 22.2 |
| 2013 | 83.89 | 12.52 | 3.59 | 63.93 | 13.74 | 22.33 |
| 2014 | 83.76 | 12.61 | 3.63 | 64.03 | 12.81 | 23.16 |

数据来源：《中国统计年鉴》和《中国税务年鉴》。

### 3.2.2.2　企业所得税

企业所得税中针对小微企业的税收优惠政策激发了小微企业的生产活力和积极性，促进了经济发展，也体现了税收的公平原则和再分配的调节功能。2018 年开始施行新的《中华人民共和国企业所得税法》与修改前的《中华人民共和国企业所得税法》所规定的对于企业捐赠，只允许企业按照利润的12%进行税收扣除，超过部分不能在后续年度继续扣除不同的是，新的《中华人民共和国企业所得税法》允许企业将超过12%的部分在未来三年内继续扣除，大大减轻了有慈善捐赠行为的企业的税收负担，尤其是捐赠数额较大的企业。这一变化有利于激励企业的慈善捐赠行为，便于发挥企业的力量调节社会收入分配。另外，《中华人民共和国企业所得税法》规定，对从事农、林、牧、渔业项目的所得可以免征、减征企业所得税。这有利于促进农业的发展，提高作为低收入群体的农民的收入，缩小城乡之间的收入分配差距。

### 3.2.2.3　农业税

我国从 2006 年 1 月 1 日起废止《农业税条例》，全面取消农业税，通过税收减免贯彻税收公平原则，实现税收再分配功能。图 3.1 描述了 1990 年以来，我国城乡居民人均收入的变化情况。从图 3.1 可以看出，城镇居民人均收入显著高于农村居民，由于欠发达地区农民收入结构单一，大多依靠农业种植业，因此全面取消农业税能减轻农民的负担，发挥税收调节城乡居民收入分配差距的作用。

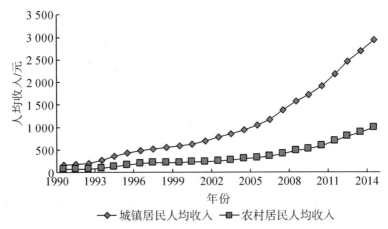

**图 3.1 1990—2014 年中国城乡居民人均收入**

资料来源：《中国统计年鉴》。

#### 3.2.2.4 房产税

《中华人民共和国房产税暂行条例》于 1986 年开始施行，并于 2011 年进行修订。该条例所规定的房产税适用范围较窄，仅限于单位和个人的经营性房产，对个人所有非营业用的房产免税。2015 年全国房产税收入为 2 050.90 亿元，占全部税收收入的比例仅为 1.64%。作为一种财产税，现行房产税对居民收入再分配的调节作用有限。因此，在我国居民收入分配差距不断扩大、房地产价格上升趋势明显的背景下，房产税改革的呼声也日益高涨。2010 年，房价持续上涨，针对这种情况，国务院发文要求探索建立税收政策调控房价的制度。2010 年 12 月，国务院召开常务会议同意在部分省市开展房产税改革试点工作。随后，重庆市、上海市开展房产税试点。试点以来，房产税所发挥的调节收入分配、筹集地方财政收入、抑制房价过快增长的作用十分有限。

#### 3.2.2.5 消费税

消费税是以特定消费品为课税对象而征收的一种流转税，尤其是针对奢侈品、高档消费品（如高档化妆品、贵重首饰及珠宝玉石、高档手表及游艇等）加征税收以及针对不同排量的乘用车设置累进税率等特点，使其具有一定的收入再分配调节作用。同时，为了限制对某些商品（如烟酒、木制一次性筷子）的消费，也对一些低端商品（如啤酒等）征收消费税。从下文的实证检验中可以发现，消费税整体具有累退性。

另外，针对小规模纳税人设置的较低的增值税征收率，针对车辆拥有者征收的车船税，针对车辆购买行为所征收的车辆购置税，针对不动产转让所征收的契税等，也都具有一定的再分配功能。

表 3.2　税种的再分配功能

| 税种 | 是否直接税 | 再分配功能主要借助途径 |
|---|---|---|
| 个人所得税 | 是 | 免征额、扣除额、累进税率 |
| 企业所得税 | 是 | 税收优惠、捐赠扣除 |
| 房产税 | 是 | 财产征税、累进税率 |
| 农业税 | 是 | 税收优惠（取消） |
| 消费税 | 否 | 特定消费品征税、乘用车累进税率 |
| 增值税 | 否 | 差别化税率 |
| 车辆购置税 | 是 | 财产征税 |
| 契税 | 否 | 财产转让征税 |
| 车船税 | 是 | 财产使用征税 |

### 3.2.3　转型期税收再分配的制度障碍

　　税收再分配的制度障碍可以分为两个方面：第一，我国经济社会制度的一些特点或缺陷，不利于发挥税收的再分配功能；第二，我国税收制度本身的不足，弱化了其调节收入分配职能。

　　首先，从社会经济制度角度分析阻碍税收再分配功能充分发挥的主要因素。

　　我国当前仍处于由计划经济体制向市场经济体制转轨的时期，政府干预市场经济运行的能力仍然较强。地方官员基于考核晋升的考虑，通过各种途径提高地区生产总值，其中涉及由地方竞争引起的各种形式的显性或隐性的税收优惠，这在一定程度上会扭曲税收调节收入分配的功能。由于现阶段我国的法治化管理水平仍然较低，对部分政府官员缺乏有效的制度性约束，因此由寻租等滋生的腐败问题仍然存在。税收再分配针对的是合法收入，对由腐败、寻租等带来的灰色收入、非法收入束手无策，因此这大大降低了通过税收调节收入分配的效果。

　　政府调节收入分配的财政工具还包括转移支付制度和社会保障制度等。转移支付制度又可以分为专项转移支付制度和一般性转移支付制度，后者具有弥补欠发达地区财政收支缺口，缩小地区间财力差距，促进各地区基本公共服务均等化，调节收入分配的重要作用。我国一般性转移支付占比偏小，中央对地方的一般性转移支付约占转移支付总量的六成左右，一般性转移支付规模的限制不利于其从支出的角度配合税收发挥其收入再分配功能；占比近四成的专项转移支付在某些方面还加剧了地区间发展不平衡，扩大了地区间财力差距，降低了税收调节收入分配的效果。例如，专项转移支付要求地方政府提供配套资金，但很多经济不发达地区往往难以提供配套的资金，因此，专项转移支付的资金大都流向了经济发展较好的地区。中央将具有降低地区间发展不平衡作用的税收筹集的收入中的一部分通过专项转移支付的方式最终又回到了经济较发达地区，这无疑对税收调节地区间收入分配差距产生了反向的作用。社会保障制度层面，其统筹层次依然有待提高，"碎片化"管理问题较为突出，导致了部分社会保险项目（如医疗保险、养老保险）"多轨制"并行，在城乡之间、地区之间、不同群体之间标准不一，这阻碍了税收调节城乡之间、地区之间、不同群体之间收入分配差距功能的充分发挥。

其次，从税收制度本身分析其再分配的制度障碍。

由于强调财政收入和经济效率，我国形成了以间接税为主体的税制结构，直接税的比重偏低。表 3.3 揭示了 2013—2015 年中国税收收入结构，增值税、消费税、营业税、进口环节增值税和消费税、车辆购置税等间接税收入的占比达到 65% 左右，加上契税、土地增值税、耕地占用税和城镇土地使用税等间接税特征浓重的地方其他税种后，间接税收入占全部税收收入的 70% 以上。我国形成以间接税为主的税收制度的原因主要有两方面：一方面，当经济发展水平较低时，民众的纳税意识也不强，相比于直接税，间接税便于征收、征管成本较低、税收较为稳定；另一方面，在由计划经济体制向市场经济体制转型的初期，社会收入分配差距较小，这一时期税收的主要目的是用于筹集财政收入。但是，70% 以上的税收来自间接税，意味着我国大部分税收收入作为价格的构成要素之一嵌入在商品价格中，中低收入群体承担了大量的税负。

表 3.3　2013—2015 年中国税收收入结构

| 税种 | 2015 年 | | 2014 年 | | 2013 年 | |
| --- | --- | --- | --- | --- | --- | --- |
| | 收入/亿元 | 比重/% | 收入/亿元 | 比重/% | 收入/亿元 | 比重/% |
| 增值税 | 31 109.47 | 24.90 | 30 855.36 | 25.89 | 28 810.13 | 26.07 |
| 消费税 | 10 542.16 | 8.44 | 8 907.12 | 7.47 | 8 231.32 | 7.45 |
| 营业税 | 19 312.84 | 15.46 | 17 781.73 | 14.92 | 17 233.02 | 15.59 |
| 企业所得税 | 27 133.87 | 21.72 | 24 642.19 | 20.68 | 22 427.20 | 20.29 |
| 个人所得税 | 8 617.27 | 6.90 | 7 376.61 | 6.19 | 6 531.53 | 5.91 |

| 税种 | 2015 年 | | 2014 年 | | 2013 年 | |
|---|---|---|---|---|---|---|
| | 收入/亿元 | 比重/% | 收入/亿元 | 比重/% | 收入/亿元 | 比重/% |
| 进口环节增值税和消费税 | 12 533.35 | 10.03 | 14 425.30 | 12.10 | 14 004.56 | 12.67 |
| 车辆购置税 | 2 792.56 | 2.24 | 2 885.11 | 2.42 | 2 596.34 | 2.35 |
| 地方其他税种 | 12 880.68 | 10.31 | 12 301.89 | 10.32 | 10 696.6 | 9.68 |
| 全部税收收入 | 124 922.20 | 100.00 | 119 175.31 | 100.00 | 110 530.70 | 100.00 |

数据来源：《中国统计年鉴》。

表 3.4 总结了 2013 年中国税收收入来源结构。税收来源以企业为主体，90%以上的税收收入由企业缴纳，居民个人基本上不负有直接的纳税义务。这意味税收归宿难以把握，企业可以通过税负转嫁让消费者承担更多税负。对企业的税收优惠，大部分落到高收入群体手里，中低收入群体难以得到优惠。

表 3.4　2013 年中国税收收入来源结构

| 纳税人类型 | 收入/亿元 | 占税收总额比重/% | 纳税人类型 | 收入/亿元 | 占税收总额比重/% |
|---|---|---|---|---|---|
| 国有企业 | 15 372 | 12.8 | 私营企业 | 11 619 | 9.7 |
| 集体企业 | 1 007 | 0.8 | 涉外企业 | 22 992 | 19.2 |
| 股份合作企业 | 600 | 0.5 | 个体经济 | 6 558 | 5.5 |
| 股份企业 | 56 456 | 47.1 | 其他 | 5 339 | 4.5 |

数据来源：国家税务总局收入规划核算司《税收月度快报》，2013 年 12 月。

从单个税种看，我国税收体系中具有再分配功能的财产税较少。从具体的税种设计上来看，个人所得税征收范围较窄、税率设计不甚合理、税前扣除有待完善、分类征收方式有待改变。作为财产税的房产税不具备真正意义上的调节收入分配的作用。

我国个人所得税的征税对象不包括证券收益等资本利得，而资本性收入和财产性收入是市场经济快速发展背景下收入差距扩大的重要因素。个人所得税收入中 60%以上来自工资薪金收入，我国的高收入阶层很大一部分收入并非来自工资薪金收入，而是来自资本性收入和财产性收入，因此个人所得税征税范围仍较狭窄，阻碍了其收入再分配功能的发挥。现行的个人所得税是分类所得税制，这种税制模式无法体现个人所得税的公平原则。个人所得税税前扣除制度所存在的问题主要是在分类征收模式下的税前扣除差别所带来的不公平问题：划分所得类型、设置差别税前扣除导致纳税人负担的不公平；税前扣除标准未能考虑家庭、支出等重要影响因素；费用扣除标准存在内外制度的不统一。个人所得税税前扣除虽然考虑了价格因素影响，但并没有形成动态调整机制。

财产税体系建设滞后。房产税、遗产税、赠与税是财产税的主要税种。在我国的税收体系中，遗产税和赠与税属于空白。我国现行的针对房地产相关活动所征收的税主要集中在房产的交易环节，包括土地增值税、契税、城市建设维护税，以及相关的印花税、个人所得税等。针对保有环节征收的只有房产税和城镇土地使用税。因此我国的房地产税体系具有"重交易、轻保有"的特点。这种税收结构容易造成税负不公，也有碍于发挥税收调控房价过快增长的作用。因为，一方面，当房地产处于卖方市场时，房地产交易环节所征收的税收容易转嫁给购房者，带动房价上涨；另一方面，保有环节的轻税负助长了房地产的投资性，同时也会导致房产的大量闲置和资源的浪费。重庆、上海 2011 年开始试行的房产税征收范围过小，收入规模有限，尚不是完整意义的房地产税。

# 3.3　本章小结

本章内容对税收再分配的制度背景进行分析。1978 年我国开启了市场化改革的序幕。与经济发展相适应，我国经济社会也经历了深刻的变革。转型期的经济社会在政治制度、经济制度、社会制度等方面呈现出明显的特点。当然，由于改革是在"摸着石头过河"的环境下推进的，因此在经济社会转型过程中，也产生了很多社会问题，如社会贫富差距加大、环境污染、腐败、文化建设滞后等。改革开放 40 多年来，各项制度改革稳步推进，尤其是经济制度的改革为我国经济的发展释放了强大的活力。

税收制度作为调节经济和收入再分配的重要工具，是经济制度改革的重要组成部分。以 1994 年和 2013 年为界，我国的税收制度改革经历了三个重要的阶段，第一个阶段主要是利改税，后两个阶段主要是分税制改革和税收体系的完善。转型期税收制度具有以间接税为主、税收法治化建设滞后、财产税体系滞后等特点。

在我国的现行税制中，具有收入再分配功能的税种主要有个人所得税、房产税、消费税、企业所得税、车辆购置税、契税等。其中最为重要的具有收入再分配作用的税种是个人所得税。当前阻碍税收再分配功能的制度障碍仍较多，从税制结构上来看，我国税收体系以间接税为主，具有再分配功能的财产税较少，没有遗产税、赠与税。从具体的税种设计上来看，个人所得税征收范围仍较窄、税率设计不甚合理、税前扣除有待完善、分类征收方式有待改变；作为财产税的房产税不具备真正意义上的收入分配调节作用。

# 4 间接税再分配效应分析

## 4.1 引言

在我国目前的税制结构中，在流通环节对商品与劳务征收的间接税是我国税收收入的主要来源（如图 4.1 所示），截至 2015 年，间接税收入达到了 89 171.06 亿元[①]，占全国税收总收入的比重为 71.38%，占国内生产总值的比重高达 12.94%。在间接税中，增值税是对在中国境内销售货物或者提供加工、修理修配劳务以及进口货物征税，营业税是对在中国境内提供应税劳务、转让无形资产和销售不动产征税，消费税是以特定消费品为课税对象。综上可以看出，间接税已经成为影响我国经济社会发展的重要力量，是我国税收体系与制度影响收入差距的主要渠道，对间接税整体以及各个税种的税收负担、累进性以及再分配效应进行测算评估，对于今后我国深化税制改革、构建现代化的财税体制具有重要的理论和现实意义。

---

① 本章所指的间接税包括增值税、营业税、消费税和城市维护建设税以及教育费附加五类。

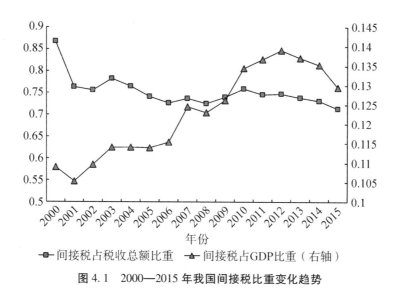

图 4.1　2000—2015 年我国间接税比重变化趋势

资料来源：整理自《中国统计年鉴》和《中国税务年鉴》。

　　虽然国内已有一些学者就我国间接税的收入再分配效应进行了测度与分析，但是绝大部分文献没有考虑到个人所处家庭规模与结构不同，从而产生的影响也不同。比如，如果两个家庭人口数量或老人、成年人、小孩的数量和年龄结构存在差异，即便收入完全相同，但是家庭内部每个个人的生活状况也不可能完全一致。本书借鉴国外相关研究通用的做法，在测算过程中，利用 EU、OECD 以及 Luxembourg 三种等值规模对家庭人均收入进行调整，以家庭为基本单位测算了不同收入组别的间接税负担率，在此基础上对间接税的累进性以及对再分配效应进行了分析。处于不同年龄段居民的消费水平与消费结构也存在巨大的差别，主要表现为老年人健康保健品、医疗服务、护理服务等高层次消费的比例将会提高，而年轻人可能更偏向于外出就餐、食品香烟酒水、文体娱乐等类型的消费。不同类别消费品对应的增值税、消费税等间接税税率也不相同，因而导致不同年龄段居民实际负担的税负也不尽相同。本书利用 PSM 方法计算出不同年龄段居民的消费系数，进而测算出间接税负担在代内的分配情况。

## 4.2　计算方法与数据说明

　　研究间接税负担的方法有两种：一是一般均衡研究；二是微观模拟研究。Musgrave 等（1951）最早将一般均衡理论引入税收领域的研究，对于税收负担的测算，一般均衡研究通过描述市场上消费者和生产者的供求关系，在一系列优化条件约束下计算不同税收政策设定下的均衡，比较税收政策调整所产生的收入分配的变化。由于一般均衡模型是通过各种参数来模拟现实的经济活动，对效用函数、生产函数以及市场结构的限定和设定比较严格，需要详细的经济数据和精确的模型构建，因此，将一般均衡方法运用于间接税负担的研究并不多。Parmenter 和 Meagher（1985）、Rutherford 和 Paltsev（1999）通过构建税收 CGE 模型，分别研究了澳大利亚和俄罗斯税制改革的收入再分配效应。石柱鲜等（2011）利用 CGE 模型分析了中国间接税税率的降低对各行业产出、进口以及城乡各阶层居民收入的影响。与一般均衡方法相比，微观模拟方法在税收负担研究领域被更多采用，在设定税收转嫁假设的基础上，以微观行业结构和居民收入支出数据分析税收归宿情况。因此，考虑到微观模拟方法在测量中国间接税负担时的优点，本章沿用分析间接税负担的经验文献的这种标准做法。

根据税负转嫁理论，税收在消费者和生产者之间的转嫁由供需弹性决定。Warren（2008）总结了 OECD 国家评估间接税分配效应的方法，他认为关于税负转嫁的各种假设都有争议，因此，简单与实用的做法是假定间接税完全转嫁到最终产品和服务价格上，即税负完全向前转嫁。Georgakopoulos（1991）、Besley 和 Rosen（1999）分别研究了希腊增值税和美国销售税的税收负担，发现有些商品是将税收全部转嫁给消费者，为税负全部向前转嫁假设提供了实证支持。本章沿袭以往研究，假定税负完全向前转嫁，间接税包含在产品和服务价格中，计算居民在消费过程中由于税负转嫁而承担的间接税负担。

通过居民的消费支出计算间接税负担，主要有两种方法。一是根据居民消费支出与全国消费支出的比重，将税务部门实际征收的间接税按照比重分摊到居民个人身上（岳希明 等，2014）。二是根据家庭支出分类数据，将每一项商品支出金额与相应的法定税率对应，分别测算缴纳的各种间接税，然后加总得到间接税总负担（Kaplanoglou et al.，2004；Ardic et al.，2010；Kaplanoglou，2015）。这两种方法在测算中国的间接税负担时主要存在两个不足：第一，方法一着眼于消费支出的总量，忽略了消费结构，即使消费总量一样，不同的消费结构也会产生不同的税收负担，忽略了居民消费结构的异质性，会造成居民税负计算的偏误；第二，方法二没有考虑中间投入产出结构对间接税转嫁的影响，这种方法主要用于测算不包括增值税的间接税负担，增值税是对产品增加值征收，不是按产品总价值征收，测算中国居民的间接税负担时，该方法会高估居民承担的增值税。因此，本书基于 Rajemison 等

（2003）利用投入产出模型计算行业实际税率，再将家庭消费支出与其对应的行业实际税率匹配，测算家庭间接税负担额。聂海峰和刘怡（2010）、李颖（2016）运用过这种投入产出价格模型来分析中国间接税对城乡居民的税收负担，说明运用该方法研究中国的间接税负担是适用的。

### 4.2.1 行业实际税率的计算原理

为了构建间接税的投入产出模型，本书做出以下假设：第一，同一行业的产品或服务，对于同一间接税税种适用相同的税率。在实际经济体系中，每个行业的产品都不是唯一的，各类产品对应的增值税、消费税以及营业税等间接税税率可能不同。但投入产出表无法对行业内的产品再进行细分。因此，在投入产出表的纯产品假设基础上，本书假定各个行业按照相同税率缴纳同一间接税。第二，税收对价格的影响完全向前传导。实际税收实践中，增值税在各个流转环节征收，中间产品和最终产品都含税。根据投入产出表基本原理，本书不考虑流转环节中生产要素的替代效应和税收成本转嫁因素，假设税收成本完全传递到产品价格上，由消费者承担。第三，假设市场完全竞争且生产技术规模报酬不变，均衡的时候不存在利润，价格变化不影响生产的投入系数。

根据投入产出表的行业分类，设定国民经济中有 42 个部门，提供 42 种产品或服务，第 $i$ 个行业的总产出如式（4.1）所示：

$$P_i Q_i = \sum_{j=1}^{42} P_j Q_{ji} + V_i (i = 1, 2, \cdots, 42) \qquad (4.1)$$

$P_i$ 表示行业 $i$ 产品的单位价格，$Q_i$ 表示行业 $i$ 产品的产出数量，$P_i Q_i$ 是行业 $j$ 的总产出。相对于行业 $i$，$P_j$ 表示其中间投入行业 $j$ 产品的单位价格，$Q_{ji}$ 表示行业 $i$ 使用行业 $j$ 的产品投入数量，$P_j Q_{ji}$ 为行业 $i$ 的中间投入价值。$V_i$ 表示行业 $i$ 的增加值。对式（4.1）两边除以 $Q_i$，得到式（4.2）：

$$P_i = \sum_{j=1}^{42} a_{ji} P_j + v_i (i = 1, 2, \cdots, 42) \qquad (4.2)$$

$a_{ji}$ 表示行业 $i$ 利用行业 $j$ 产出的消耗系数，$v_i$ 表示行业 $i$ 产出中增加值的比例。根据间接税实际征收原理，假定增值税对产品增加值征收，消费税、营业税等其他间接税对总产出征收，城市维护建设税以增值税、消费税和营业税税额为课税对象进行征收①。考虑税收完全向前转嫁，完全竞争达到均衡时不存

---

① 在实际税收征管中，征收增值税是按总产出征收，再对中间产品进项增值税进行抵扣，抵扣机制会影响缴纳的增值税。本书假设各行业的中间投入产品都能进行抵扣，那么销项增值税减去进项增值税就等于税率直接乘以产品增加值。

在利润，行业总产出等于所有投入价值加上全部承担的间接税：

$$P_i = \sum_{j=1}^{42} a_{ji}P_j + v_i + (1 + \tau_{1i})(\tau_{2i} + \sum_{j=1}^{42} \tau_{1j}a_{ji}P_j + \tau_{3i}P_i)$$

$$+ \sum_{j=1}^{42} \tau_{2j}a_{ji}P_j (i = 1, 2, \cdots, 42) \tag{4.3}$$

式（4.3）中，$\tau_{1i}$ 表示行业 $i$ 的城建税税率，$\tau_{2i}$ 表示行业 $i$ 的增值税实际税率，$\tau_{3i}$ 表示行业 $i$ 的营业税实际税率，$\tau_{1j}$ 是行业 $j$ 的消费税实际税率，$\tau_{2j}$ 是行业 $j$ 的资源税实际税率。$\tau_{2i}v_i$ 是支付的增值税，$\sum \tau_{1j}a_{ji}P_j$ 和 $\sum \tau_{2j}a_{ji}P_j$ 是消费税和资源税，$\tau_{3i}P_i$ 是营业税。因此，通过计算各行业中各项间接税的实际税率，便可以根据消费者的各项支出得到间接税实际转嫁税额。

### 4.2.2 行业实际税率的确定

本书选择间接税中的增值税、消费税、营业税以及城建税计算实际税率[1]。增值税税率=行业实际税收/行业增加值，消费税或营业税税率=行业实际税收/行业总产出。由于城建税和教育费附加是以增值税、消费税、营业税为税基进行计算，将城建税和教育费附加分拆到这三个税种中，报告家庭税收负担时，没有城建税和教育费附加。海关代征进口环节增值税和消费税也进行归入。其中，行业增值税=国内增值税+城建税中按增值税拆分的部分+教育费附加中按增值税拆分的部分+进口增值税−出口退增值税−免抵调减增值税。各行业的消费税计算与增值税类似，行业消费税=国内消费税+城建税中按消费税拆分的部分+教育费附加中按消费税拆分的部分+进口消费税−出口退消费税。行业营业税=国内营业税+城建税中按营业税拆分的部分+教育费附加中按营业税拆分的部分。

行业增值税、消费税和营业税的计算利用《中国税务年鉴》（2013）和《中国2012年投入产出表》的数据。按照投入产出表中的行业，将税务年鉴中各行业实际征收的国内增值税、消费税、营业税和城建税对应到投入产出表的42个行业。由于税务年鉴与投入产出表的行业并不完全一致，一种情况是税务年鉴中多个行业对应投入产出表同一行业，把税务年鉴中这些行业的税收加总对应到投入产出表同一个行业；另一种情况是税务年鉴中的一个行

---

① 中国间接税中还包括资源税、关税和烟叶税，未选择这三个税种计算间接税负担的主要原因有两个：第一，增值税、消费税、营业税和城建税收入占到间接税收入的95%左右，这4个税种基本可以代表整个间接税；第二，如果要计算资源税、关税和烟叶税的家庭负担，资源税需要根据产品性质划分到采掘业的相关投入产出行业，关税需要区分家庭消费中的国外与国内商品，烟叶税需要家庭的烟类消费支出，这些数据在我们已有的资料中无法获得，用不完备的数据去计算这4个税种，反而会造成结果偏误。

业包含了多个投入产出表的行业，采用聂海峰、刘怡（2010）的办法，给对应投入产出行业赋予的权重根据各行业相应税基的比例来划分。由于增值税和消费税收入包括进口环节，税务年鉴中进口环节的增值税和消费税未按照行业进行细分；因此，同样采用投入产出表按行业的税基比例赋予权重的方法，将进口环节总的进口增值税、出口退增值税、免抵调减增值税、进口消费税、出口退消费税分摊到投入产出表的 42 个行业。根据这种对应关系，计算出行业间接税的实际税收，根据投入产出表中行业的增加值与总产出，分别得到行业的实际增值税税率、消费税税率和营业税税率，如表 4.1 所示。

表 4.1　行业实际税率　　　　　　　　　　　（单位：%）

| 行业 | 增值税 | 消费税 | 营业税 | 行业 | 增值税 | 消费税 | 营业税 |
|---|---|---|---|---|---|---|---|
| 农林牧渔业 | 0.023 | 0.000 | 0.010 | 电气、机械及器材制造业 | 11.806 | 0.000 | 0.022 |
| 煤炭开采和洗选业 | 19.465 | 0.000 | 0.104 | 公共管理和社会组织 | 0.126 | 0.000 | 0.359 |
| 石油和天然气开采业 | 17.363 | 0.116 | 0.117 | 电力、热力的生产和供应业 | 18.481 | 0.000 | 0.059 |
| 金属矿采选业 | 11.057 | 0.000 | 0.055 | 燃气生产和供应业 | 12.353 | 0.000 | 0.247 |
| 非金属矿及其他矿采选业 | 6.130 | 0.000 | 0.099 | 水的生产和供应业 | 10.468 | 0.000 | 0.423 |
| 食品制造及烟草加工业 | 10.770 | 5.097 | 0.011 | 建筑业 | 0.114 | 0.000 | 2.825 |
| 纺织业 | 8.430 | 0.000 | 0.018 | 交通运输、仓储和邮政业 | 0.527 | 0.000 | 1.751 |
| 纺织服装鞋帽皮革羽绒及其制品业 | 13.510 | 0.000 | 0.024 | 信息传输、计算机服务和软件业 | 1.457 | 0.000 | 2.029 |
| 木材加工及家具制造业 | 5.891 | 0.010 | 0.016 | 批发和零售贸易业 | 13.472 | 0.883 | 0.308 |
| 造纸印刷及文教体育用品制造业 | 8.425 | 0.002 | 0.024 | 住宿和餐饮业 | 0.040 | 0.000 | 2.567 |
| 石油加工、炼焦及核燃料加工业 | 14.182 | 7.946 | 0.013 | 卫生、社会保障和社会福利业 | 0.013 | 0.000 | 0.043 |
| 化学工业 | 10.365 | 0.017 | 0.020 | 房地产业 | 0.015 | 0.000 | 9.924 |
| 非金属矿物制品业 | 8.151 | 0.000 | 0.017 | 租赁和商务服务业 | 1.861 | 0.000 | 3.251 |

| 行业 | 增值税 | 消费税 | 营业税 | 行业 | 增值税 | 消费税 | 营业税 |
|---|---|---|---|---|---|---|---|
| 金属冶炼及压延加工业 | 6.260 | 0.000 | 0.011 | 居民服务和其他服务业 | 1.236 | 0.000 | 5.877 |
| 金属制品业 | 10.642 | 0.000 | 0.033 | 教育 | 0.008 | 0.000 | 0.189 |
| 通用、专用设备制造业 | 12.268 | 0.000 | 0.024 | 金融业 | 0.041 | 0.000 | 5.195 |
| 交通运输设备制造业 | 14.019 | 1.377 | 0.021 | 文化、体育和娱乐业 | 1.285 | 0.000 | 2.287 |
| 通信设备、计算机及其他电子设备制造业 | 9.894 | 0.000 | 0.049 | 仪器仪表及文化办公用机械制造业 | 11.116 | 0.001 | 0.033 |

资料来源：作者通过投入产出表和税收数据计算得到。

### 4.2.3 家庭税收负担

中国家庭追踪调查（china family panel studies，CFPS）2012 年的数据提供了家庭的各类消费支出，将家庭消费支出项目与投入产出表中的行业对应，乘以行业相应的实际税率，可以得到家庭的间接税负担。多数消费项目对应唯一的投入产出表中的行业，对于消费项目对应多个投入产出表行业时，借鉴倪红福等（2016）的方法，通过《2012 年中国投入产出表编制方法》对家庭消费支出的说明来选取，当说明不明确时，根据对应多个行业的税基比例确定权重。CFPS2012 年中家庭消费项目可以分为 26 类，与投入产出表各行业的对应权重如表 4.2 所示。

表 4.2　家庭消费项目与投入产出表对应

| 家庭消费项目 | 投入产出部门 | 比例 | 家庭消费项目 | 投入产出部门 | 比例 |
|---|---|---|---|---|---|
| 1. 农林生产投入 | 农林牧渔业 | 1.000 0 | 23. 日用品 | 化学工业 | 0.207 4 |
| 2. 外出就餐费 | 住宿和餐饮业 | 1.000 0 | 24. 日用品 | 非金属矿物制品业 | 0.082 5 |
| 3. 香烟酒水费 | 食品制造及烟草加工业 | 0.470 2 | 25. 日用品 | 金属制品业 | 0.061 2 |
| 4. 香烟酒水费 | 批发及零售贸易业 | 0.529 8 | 26. 日用品 | 批发和零售贸易业 | 0.648 8 |
| 5. 食品费 | 食品制造及烟草加工业 | 0.470 2 | 27. 商业医保支出 | 金融业 | 1.000 0 |

| 家庭消费项目 | 投入产出部门 | 比例 | 家庭消费项目 | 投入产出部门 | 比例 |
|---|---|---|---|---|---|
| 6. 食品费 | 批发及零售贸易业 | 0.529 8 | 28. 商业财保支出 | 金融业 | 1.000 0 |
| 7. 邮电通信费 | 交通运输、仓储及邮政业 | 1.000 0 | 29. 教育培训费 | 教育 | 1.000 0 |
| 8. 本地交通费 | 交通运输、仓储及邮政业 | 1.000 0 | 30. 家电购置费 | 电气机械及器材制造业 | 0.122 1 |
| 9. 水电费 | 煤炭开采和洗选业 | 0.375 5 | 31. 家电购置费 | 批发和零售贸易业 | 0.877 9 |
| 10. 水电费 | 石油和天然气开采业 | 0.222 4 | 32. 文化娱乐支出 | 文化、体育和娱乐业 | 1.000 0 |
| 11. 水电费 | 电力、热力的生产和供应业 | 0.387 9 | 33. 彩票支出 | 文化、体育和娱乐业 | 1.000 0 |
| 12. 水电费 | 水的生产和供应业 | 0.014 2 | 34. 旅游支出 | 文化、体育和娱乐业 | 1.000 0 |
| 13. 燃料费 | 石油加工、炼焦及核燃料加工业 | 1.000 0 | 35. 汽车购置费 | 交通运输设备制造业 | 1.000 0 |
| 14. 家具及其他耐用品消费支出 | 木材加工及家具制造业 | 0.028 2 | 36. 其他交通工具和通信工具购置费 | 交通运输设备制造业 | 0.708 2 |
| 15. 家具及其他耐用品消费支出 | 电气机械及器材制造业 | 0.118 7 | 37. 其他交通工具和通信工具购置费 | 通信设备、计算机及其他电子设备制造业 | 0.291 8 |
| 16. 家具及其他耐用品消费支出 | 批发和零售贸易业 | 0.853 1 | 38. 衣着消费 | 纺织服装鞋帽皮革羽绒及其制品业 | 0.095 4 |
| 17. 家庭雇工费 | 居民服务和其他服务业 | 1.000 0 | 39. 衣着消费 | 纺织业 | 0.066 1 |
| 18. 保健支出 | 居民服务和其他服务业 | 0.826 2 | 40. 衣着消费 | 批发和零售贸易业 | 0.838 5 |
| 19. 保健支出 | 卫生、社会保障和社会福利业 | 0.173 8 | 41. 取暖费 | 煤炭开采和洗选业 | 0.375 1 |
| 20. 美容支出 | 居民服务和其他服务业 | 1.000 0 | 42. 取暖费 | 石油和天然气开采业 | 0.222 2 |
| 21. 物业费 | 房地产业 | 1.000 0 | 43. 取暖费 | 电力、热力的生产和供应业 | 0.387 6 |
| 22. 医疗支出 | 卫生、社会保障和社会福利业 | 1.000 0 | 44. 取暖费 | 燃气生产和供应业 | 0.015 1 |

将家庭各消费项目乘以对应的行业实际税率，再分税种进行加总，得到家庭承担的增值税、消费税和营业税。测度间接税的再分配效应，除了需要间接税负担数据外，还需要家庭的税前收入。根据间接税的缴纳原理，CFPS2012 年数据中汇报的家庭总收入是税前收入，税前收入减去间接税负担，得到税后收入。

### 4.2.4　样本数据描述

以 CFPS2012 年中的家庭为基本单位，家庭总收入可以看作家庭的名义收入，由于各个家庭的规模与人员组成不同，通过等值规模调整，使得收入具有可比性。在总收入相同的情况下，不同的家庭规模和家庭结构具有不同的福利效果。例如，单独的成年人年收入为 2 万元，夫妻二人总共年收入为 4 万元，人均收入相同，但是家庭会产生规模经济，夫妻二人组成的家庭以同样的收入能够维持更高的生活水平。这意味着家庭人口越多，产生的规模经济越大。由于成年人与儿童的支出规模与结构都不同，儿童分享家庭总收入的比例更低。等值规模调整具有不同的方法，借鉴国际上常用的三种方式，表 4.3 显示了采用 EU 等值规模、OECD 等值规模和 Luxembourg 等值规模简化算法。以一个三口之家为例，夫妻二人的年收入为 2 万元，有一个 10 岁的儿童，那么按照 EU 等值规模、OECD 等值规模和 Luxembourg 等值规模调整后的家庭人均年收入分别为 1.11〔$2/(1+0.5+0.3)=1.11$〕万元、0.91〔$2/(1+0.7+0.5)=0.91$〕万元和 0.92（$2/3^{0.7}=0.92$）万元。

表 4.3　等值规模调整的系数

|  | 第一个成年人 | 额外的每一个成年人 | 14 周岁以下的每一个儿童 |
|---|---|---|---|
| EU 等值规模 | 1 | 0.5 | 0.3 |
| OECD 等值规模 | 1 | 0.7 | 0.5 |
| Luxembourg 等值规模 | 家庭总人口的 0.7 次方 | | |

资料来源：世界银行数据库。

根据以上的计算方法，表 4.4 汇报了使用样本的描述性统计。有效样本中共有 12 047 个家庭，2012 年家庭平均收入为 4.282 8 万元，每个家庭平均有 3.9 个成员，0.25 个 14 周岁以下儿童。按照 EU 等值规模、OECD 等值规模和 Luxembourg 等值规模调整后，家庭经济共享规模人数分别为 2.37 人、2.93 人和 2.51 人。每个家庭平均缴纳增值税为 1 238.45 元、消费税为 98.94 元、营业税为 117.75 元，增值税是缴纳得最多的间接税。按照户口属性分类，样本中有 6 372 户家庭为农村户口，剩余的 5 675 户家庭为城镇户口。

**表 4.4　家庭样本的描述性统计**

| 变量名 | 均值 | 中位数 | 标准差 | 最小值 | 最大值 | 样本量 |
|---|---|---|---|---|---|---|
| 2012 年家庭总收入/元 | 42 828.64 | 30 500 | 59 961.84 | 1 | 3 036 046 | 12 047 |
| 家庭成员数/人 | 3.9 | 4 | 1.75 | 1 | 17 | 12 047 |
| 家庭 14 周岁以下儿童数/人 | 0.25 | 0 | 0.57 | 0 | 8 | 12 047 |
| 家庭成员 EU 等值规模/人 | 2.4 | 2.30 | 0.85 | 0.9 | 8.5 | 12 047 |
| 家庭成员 OECD 等值规模/人 | 2.98 | 2.90 | 1.2 | 1 | 11.6 | 12 047 |
| 家庭成员 Luxembourg 等值规模/人 | 2.54 | 2.64 | 0.8 | 1 | 7.27 | 12 047 |
| 家庭缴纳增值税/元 | 1 238.45 | 435.23 | 4 652.51 | 34.72 | 210 000 | 12 047 |
| 家庭缴纳消费税/元 | 98.94 | 29.31 | 442.78 | 0.05 | 20 761.59 | 12 047 |
| 家庭缴纳营业税/元 | 117.75 | 26.03 | 302.16 | 0.28 | 6 084.16 | 12 047 |
| 社区性质（0 为农村，1 为城镇） | 0.47 | 0 | 0.5 | 0 | 1 | 12 047 |

资料来源：由 CFPS2012 年的数据计算得到。

# 4.3　间接税的累进性与 MT 指数

## 4.3.1　间接税整体税收负担率

根据家庭消费项目与投入产出表行业的对应关系，计算家庭承担的各项间接税负担，通过和家庭总收入对比，对家庭的间接税负担率进行直观描述。图 4.2 显示了间接税负担率的分布密度函数，城镇家庭间接税负担率比农村家庭间接税负担率右偏，表明城镇家庭间接税负担率高于农村家庭。家庭间接税负担率在全国范围内平均值是 6.27%，表示间接税支出占家庭收入的 6.27%，90%的家庭间接税负担率小于 12.04%，最高负担率是 210.99%。有 107 户家庭消费支出巨大，使得当年的间接税负担率超过 100%。

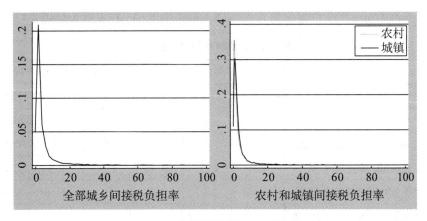

**图 4.2　间接税负担率的分布密度图**

为了更好地显示不同收入群组的间接税负担情况，我们将家庭总收入十等分，计算每一组的间接税负担占家庭收入的比例。表 4.5 展示了每组的家庭收入的间接税负担率，并进一步分解了增值税、消费税和营业税的负担率，在全国、城镇、农村样本组中依次汇报。从全国样本中可以看到，最低收入组负担的间接税占家庭收入的 26.69%，最高收入组负担的间接税占家庭收入的 2.92%。进一步细分发现，随着家庭收入的增加，从第 1 组到第 5 组，税收负担率呈现下降趋势，从 26.69% 下降到 3.29%，到第 6 组略微上升，为3.71%，然后从第 7 组的 2.77% 一直下降到第 9 组的 2.43%，到第 10 组又略微上升。总体上看，间接税具有累退性。将间接税分拆为增值税、消费税和营业税，平均来看，增值税、消费税和营业税的税收负担率是 5.35%、0.41% 和 0.51%。最低收入组的增值税负担率是 22.81%，消费税负担率是1.74%，营业税负担率是 2.14%；最高收入组的增值税负担率是 2.45%，消费税负担率是 0.2%，营业税负担率是 0.27%。其中增值税的最高收入组的负担率和最低收入组的负担率的差距最大，两者之比达到 9.31，消费税的两者之比是 8.7，营业税的两者之比是 7.93。

进一步考察城镇和农村样本的税收负担率。城镇家庭间接税平均负担率为 6.36%，高于全国样本 6.27% 的比例。城镇最低收入组的间接税负担率为26.66%，最高收入组的间接税负担率为 3.52%。随着城镇家庭收入增加，从第 1 组到第 4 组，间接税负担率呈现下降趋势，从 26.66% 下降到 3.64%，第5 组上升为 4.35%，然后从第 6 组的 3.93% 一直下降到第 8 组的 2.77%，到第9 组又略微上升。总体上看，随着城镇家庭收入增加，相应的间接税负担也逐渐降低。城镇家庭增值税的平均负担率为 5.34%，消费税的平均负担率为0.4%，营业税的平均负担率为 0.62%。城镇家庭增值税的最高收入组的负担率和最低收入组的负担率的比例是 7.72，消费税是 6.96，营业税是 7.02。

农村家庭间接税平均负担率为 6.19%，低于城镇家庭的税收负担。农村最低收入组的间接税负担率为 26.48%，最高收入组的间接税负担率为 1.78%。随着农村家庭收入增加，间接税负担率一直呈现下降趋势。农村家庭增值税的平均负担率为 5.36%，消费税的平均负担率为 0.41%，营业税的平均负担率为 0.41%。农村家庭增值税的最高收入组的负担率和最低收入组的负担率的比例是 14.7，消费税是 14.75，营业税是 19.2。

表 4.5　家庭间接税负担率　　　　　　　　　　　　（单位：%）

| 税种 | 收入十等分分组 | | | | | | | | | | |
| --- | --- | --- | --- | --- | --- | --- | --- | --- | --- | --- | --- |
| | 1 | 2 | 3 | 4 | 5 | 6 | 7 | 8 | 9 | 10 | 平均 |
| 全国 | | | | | | | | | | | |
| 增值税 | 22.81 | 7.38 | 4.83 | 3.63 | 2.81 | 3.18 | 2.36 | 2.09 | 2.05 | 2.45 | 5.35 |
| 消费税 | 1.74 | 0.55 | 0.37 | 0.27 | 0.21 | 0.25 | 0.18 | 0.16 | 0.16 | 0.20 | 0.41 |
| 营业税 | 2.14 | 0.67 | 0.44 | 0.33 | 0.27 | 0.28 | 0.23 | 0.22 | 0.22 | 0.27 | 0.51 |
| 合计 | 26.69 | 8.60 | 5.63 | 4.24 | 3.29 | 3.71 | 2.77 | 2.46 | 2.43 | 2.92 | 6.27 |
| 城镇 | | | | | | | | | | | |
| 增值税 | 22.53 | 6.46 | 4.26 | 3.03 | 3.68 | 3.33 | 2.67 | 2.31 | 2.53 | 2.92 | 5.34 |
| 消费税 | 1.67 | 0.46 | 0.30 | 0.21 | 0.29 | 0.26 | 0.20 | 0.18 | 0.20 | 0.24 | 0.40 |
| 营业税 | 2.46 | 0.83 | 0.50 | 0.39 | 0.38 | 0.34 | 0.34 | 0.28 | 0.35 | 0.35 | 0.62 |
| 合计 | 26.66 | 7.75 | 5.06 | 3.64 | 4.35 | 3.93 | 3.21 | 2.77 | 3.09 | 3.52 | 6.36 |
| 农村 | | | | | | | | | | | |
| 增值税 | 22.79 | 8.26 | 5.52 | 4.22 | 3.08 | 2.86 | 2.15 | 1.78 | 1.62 | 1.55 | 5.36 |
| 消费税 | 1.77 | 0.63 | 0.42 | 0.33 | 0.24 | 0.22 | 0.17 | 0.14 | 0.13 | 0.12 | 0.41 |
| 营业税 | 1.92 | 0.64 | 0.39 | 0.27 | 0.21 | 0.19 | 0.15 | 0.11 | 0.11 | 0.10 | 0.41 |
| 合计 | 26.48 | 9.53 | 6.32 | 4.82 | 3.53 | 3.27 | 2.47 | 2.03 | 1.86 | 1.78 | 6.19 |

从整体间接税的平均负担率以及增值税、消费税、营业税的平均负担率观测，农村家庭的税收负担低于城镇家庭的平均负担，这与居民的消费结构和消费支出总量有关。在同等收入情况下，农村居民的消费支出低于城镇居民，一是由于农村还存在着一定的自给自足，二是考虑到农村社会保障制度还在逐步完善中，在看病难、上学难等现实条件制约下，农村居民的储蓄率

更高，相应的消费支出就更少。从间接税的最高负担率与最低负担率的比例观测，农村家庭的差距更大，说明我国农村居民的收入分配差距大于城镇居民。

### 4.3.2　间接税累进性的实证分析

考察税种的累进性一般使用 Kakwani（1977）提出的税收累进性指数，即 $K$ 指数。它等于按税前收入排序的税收集中率减去税前收入基尼系数，$K$ 指数大于 0、等于 0 或小于 0，分别代表税种是累进税、比例税或累退税。在计算间接税累进性的同时，我们对税收总体性进行分解，得到增值税、消费税和营业税的累进性，并进一步分析每个税种对总体税收累进性的贡献率[①]。

表 4.6 将样本分为全国样本、城镇样本和农村样本，并且分税种给出了家庭收入经过等值规模调整后测算出的 $K$ 指数结果。就全国范围而言，未经等值规模调整时，增值税、消费税和营业税的 $K$ 指数分别为 -0.172 9、-0.169 8 和 -0.057 5，均为负数，表明这三个税种都为累退性税种，增值税的累退性最强，其次为消费税，营业税的累退性最弱。经过等值规模调整后，人均税前收入发生变化，通过税收集中率减去税前基尼系数得到的 $K$ 指数也相应发生变化。使用 EU 等值规模、OECD 等值规模、Luxembourg 等值规模三种方法调整收入后，增值税的 $K$ 指数均增加，但是仍为负数，其中 EU 等值规模调整后的 $K$ 指数增长得最多，其次为 OECD 等值规模调整的 $K$ 指数，最后为 Luxembourg 等值规模调整的 $K$ 指数；消费税的 $K$ 指数同样增加，仍表现出累退性；营业税的 $K$ 指数经过 EU 和 OECD 等值规模调整后均增加，Luxembourg 等值规模调整后的 $K$ 指数降低为 -0.057 8。增值税、消费税和营业税对于整体间接税累进性的贡献率分别约为 90%、7% 和 3%，间接税的 $K$ 指数为 -0.162 9，经过等值规模调整后，$K$ 指数增加，但是间接税的累退性不变。

表 4.6　分税种累进性指数及贡献率

| 家庭收入等值规模调整 | $K$ 指数 | | | | 各税种累进性的贡献率 $S_i$ /% | | |
| --- | --- | --- | --- | --- | --- | --- | --- |
| | 增值税 | 消费税 | 营业税 | 合计 | 增值税 | 消费税 | 营业税 |
| 全国 | | | | | | | |
| 未经调整 | -0.172 9 | -0.169 8 | -0.057 5 | -0.162 9 | 89.994 2 | 7.022 8 | 2.983 0 |
| EU 等值规模 | -0.166 4 | -0.160 8 | -0.055 8 | -0.156 6 | 90.068 1 | 6.918 9 | 3.013 0 |

---

[①]　税收总体累进性的分解公式为：$K = \sum_{i=1}^{n} \dfrac{t_i}{t} K_i$，$K_i$ 是第 $i$ 个税种的 $K$ 指数，$t_i$ 是 $i$ 个税种的平均税率。每个税种对总体税收累进性的贡献率 $S_i$ 为：$S_i = \dfrac{t_i}{t} K_i / K \times 100\%$。

| 家庭收入等值规模调整 | K 指数 | | | | 各税种累进性的贡献率 $S_i$ /% | | |
| --- | --- | --- | --- | --- | --- | --- | --- |
| | 增值税 | 消费税 | 营业税 | 合计 | 增值税 | 消费税 | 营业税 |
| OECD 等值规模 | −0.167 0 | −0.162 7 | −0.053 7 | −0.157 1 | 90.133 1 | 6.977 5 | 2.889 3 |
| Luxembourg 等值规模 | −0.168 1 | −0.162 6 | −0.057 8 | −0.158 4 | 89.993 9 | 6.919 3 | 3.086 9 |
| 城镇 | | | | | | | |
| 未经调整 | −0.131 0 | −0.113 1 | −0.088 8 | −0.125 3 | 86.623 7 | 5.854 2 | 7.522 1 |
| EU 等值规模 | −0.116 8 | −0.094 3 | −0.082 5 | −0.111 7 | 86.689 9 | 5.474 0 | 7.836 2 |
| OECD 等值规模 | −0.120 0 | −0.099 7 | −0.082 1 | −0.114 7 | 86.765 0 | 5.638 2 | 7.596 8 |
| Luxembourg 等值规模 | −0.118 3 | −0.096 2 | −0.082 8 | −0.113 1 | 86.708 3 | 5.519 9 | 7.771 8 |
| 农村 | | | | | | | |
| 未经调整 | −0.284 9 | −0.284 0 | −0.247 8 | −0.282 8 | 87.973 2 | 7.101 6 | 4.925 1 |
| EU 等值规模 | −0.289 2 | −0.287 8 | −0.250 0 | −0.286 9 | 88.009 8 | 7.093 0 | 4.897 2 |
| OECD 等值规模 | −0.285 5 | −0.284 3 | −0.247 1 | −0.283 3 | 88.000 0 | 7.097 5 | 4.902 5 |
| Luxembourg 等值规模 | −0.292 5 | −0.291 1 | −0.253 2 | −0.290 2 | 88.001 1 | 7.094 5 | 4.904 4 |

考察城镇样本的税收累进性，增值税、消费税和营业税的 K 指数分别为 −0.131、−0.113 1 以及 −0.088 8，相对于全国样本，城镇样本的增值税和消费税的 K 指数增加，营业税的 K 指数减少。经过等值规模调整后，三个税种的 K 指数均增加，其中增值税和消费税 K 指数增加最多的是按 EU 等值规模调整的城镇样本，其次为 Luxembourg 等值规模调整的城镇样本，最后为 OECD 等值规模调整的城镇样本；营业税 K 指数按增加值的大小排列，依次为 OECD 等值规模、EU 等值规模和 Luxembourg 等值规模。对于整体间接税累进性的贡献率，增值税、消费税和营业税分别约为 86.7%、5.6% 和 7.7%，间接税在城镇样本中同样表现出累退性，为 −0.125 3。

进一步考察农村样本的间接税累进性，增值税、消费税和营业税的 K 指数分别为 −0.284 9、−0.284 以及 −0.247 8，均低于城镇样本计算出的 K 指数。利用等值规模调整后，增值税和消费税的 K 指数降低，表现出更强的累退性；营业税的 K 指数通过 EU 等值规模、Luxembourg 等值规模调整后降低，经 OECD 等值规模调整后略微增加。对于农村样本在整个间接税的 K 指数，增值税、消费税和营业税的贡献率分别约为 88%、7% 和 5%，间接的 K 指数为 −0.282 8，低于城镇样本的 K 指数，表现出更强的累退性。

4 间接税再分配效应分析

### 4.3.3 间接税的 MT 指数

税收的收入再分配效应与其累进性相关，累进性决定税收对再分配起到的是正向作用还是反向作用。K 指数为负，说明中国的间接税具有累退性，加剧了居民收入分配不平等的效应。这种效应具体有多大，可以通过 Musgrave 和 Thin（1948）提出的 MT 指数进行衡量。如果 MT 指数为正，说明税收起到了再分配的作用，如果 MT 指数为负，说明税收反而扩大了收入差距。我们在 MT 指数的基础上测算税收的再分配效应，它等于 MT 指数与税前基尼系数的比值，该比值越大，说明税收的再分配效应越大。

表4.7 列示了间接税的税前基尼系数、MT 指数和再分配效应。首先观察家庭收入税前基尼系数。中国家庭收入基尼系数达到 0.523 1，超过国际警戒线（0.4），城镇基尼系数为 0.479 1，农村贫富差距更大，基尼系数达到 0.501。经过等值规模调整后，无论是全国样本，还是城镇和农村样本，税前基尼系数都有所下降，但是下降幅度几乎可以忽略不计。由于中国的社会关系长期以来形成了以家庭为单位的组织结构，按照家庭规模和结构调整后的收入基尼系数只是略微下降，说明中国的收入分配差距问题确实严峻，家庭之间贫富差距巨大。考察全国样本的 MT 指数，我们发现增值税、消费税和营业税的 MT 指数为负，表明这三个税种对再分配起到了负向作用。

设立消费税的初衷是希望其发挥一定的再分配作用，通过对更多由高收入群体购买的高档奢侈品征税，发挥其"劫富济贫"的功能。但是，中国的消费税同时具有对某些商品进行限制消费的功能，比如对烟酒类商品征收较重的消费税，这类商品在低收入群体里的消费比重并不低。再加上消费税改革相对滞后，随着经济发展，人们物质生活水平的提高，一些早已不是高档商品的日常消费品（如化妆品）仍保留在消费税的税目里，这就使得消费税的再分配功能丧失，扩大了收入差距。

再分配的负向效应从高到低依次是增值税、消费税和营业税，分别约为 −1.4%、−0.08% 和 −0.03%。整个间接税的再分配效应为 −1.62%，表明间接税使得基尼系数提高了 1.62%，经过等值规模调整后，间接税对再分配的负向影响降低，大约在 −1% 左右。

表 4.7 税前基尼系数、MT 指数和再分配效应

| 家庭收入等值规模调整 | 税前基尼系数 | MT 指数 | | | | 再分配效应/% | | | |
|---|---|---|---|---|---|---|---|---|---|
| | | 增值税 | 消费税 | 营业税 | 合计 | 增值税 | 消费税 | 营业税 | 合计 |
| 全国 | | | | | | | | | |
| 未经调整 | 0.523 1 | -0.007 3 | -0.000 4 | -0.000 2 | -0.008 5 | -1.399 2 | -0.084 1 | -0.034 4 | -1.617 2 |
| EU 等值规模 | 0.508 9 | -0.004 2 | -0.000 3 | -0.000 1 | -0.004 9 | -0.833 2 | -0.053 1 | -0.023 6 | -0.953 1 |
| OECD 等值规模 | 0.514 3 | -0.005 3 | -0.000 3 | -0.000 1 | -0.006 1 | -1.034 4 | -0.064 2 | -0.025 3 | -1.188 0 |
| Luxembourg 等值规模 | 0.507 3 | -0.004 6 | -0.000 3 | -0.000 1 | -0.005 3 | -0.914 6 | -0.057 2 | -0.025 6 | -1.046 7 |
| 城镇 | | | | | | | | | |
| 未经调整 | 0.479 1 | -0.006 2 | -0.000 6 | -0.000 4 | -0.007 4 | -1.292 1 | -0.125 2 | -0.079 3 | -1.550 9 |
| EU 等值规模 | 0.464 6 | -0.003 5 | -0.000 2 | -0.000 2 | -0.004 2 | -0.753 4 | -0.036 6 | -0.051 7 | -0.897 6 |
| OECD 等值规模 | 0.469 4 | -0.004 4 | -0.000 2 | -0.000 3 | -0.005 3 | -0.939 5 | -0.046 9 | -0.061 8 | -1.120 6 |
| Luxembourg 等值规模 | 0.463 5 | -0.003 9 | -0.000 2 | -0.000 2 | -0.004 6 | -0.839 3 | -0.041 0 | -0.056 1 | -1.001 1 |
| 农村 | | | | | | | | | |
| 未经调整 | 0.501 0 | -0.010 4 | -0.000 7 | -0.000 4 | -0.012 0 | -2.067 7 | -0.137 7 | -0.085 8 | -2.395 1 |
| EU 等值规模 | 0.496 4 | -0.006 1 | -0.000 5 | -0.000 3 | -0.007 0 | -1.233 0 | -0.086 6 | -0.056 4 | -1.418 3 |
| OECD 等值规模 | 0.497 5 | -0.007 7 | -0.000 5 | -0.000 3 | -0.008 8 | -1.541 8 | -0.106 5 | -0.066 3 | -1.777 0 |
| Luxembourg 等值规模 | 0.496 3 | -0.006 6 | -0.000 5 | -0.000 3 | -0.007 6 | -1.331 8 | -0.094 7 | -0.060 4 | -1.533 3 |

进一步考察城镇样本和农村样本的税收再分配效应。我们发现，城镇样本中增值税和消费税的 MT 指数高于农村样本，营业税的 MT 指数在两组样本中几乎一样。城镇样本中增值税、消费税和营业税的再分配效应分别约为 -1.29%、-0.13% 和 -0.08%，其在农村样本中的再分配负向作用加剧，测算出的再分配效应分别约为 -2.07%、-0.14% 以及 -0.09%。整个间接税在城镇样本和农村样本中的 MT 指数分别约为 -0.007 和 -0.012，城镇和农村的基尼系数分别提高了 0.7 和 1.2 个百分点。

综上可以看出，经过等值规模调整，在大部分情况下，间接税的累退性与负向的再分配效应均有所减弱，这与不同收入组别的家庭成员结构有一定的关系。统计发现，平均家庭收入越高的组，其家庭平均人口数量也越多，因而等值规模调整的系数也就越大，详细内容见表 4.8 与表 4.9。在保持其他因素不变的情况下，经系数调整后，高收入家庭与低收入家庭之间的差距被部分平滑，因而测算的 K 指数与 MT 指数的绝对值有所下降。

4 间接税再分配效应分析

表4.8　家庭人口规模与结构

| | 收入十等分分组 | | | | | | | | | |
|---|---|---|---|---|---|---|---|---|---|---|
| | 1 | 2 | 3 | 4 | 5 | 6 | 7 | 8 | 9 | 10 |
| 全国 | | | | | | | | | | |
| 14周岁以下小孩数量 | 0.29 | 0.32 | 0.32 | 0.28 | 0.30 | 0.29 | 0.27 | 0.25 | 0.26 | 0.28 |
| 14~60周岁家庭成员数量 | 1.91 | 2.02 | 2.08 | 2.15 | 2.31 | 2.29 | 2.41 | 2.58 | 2.84 | 2.89 |
| 60周岁以上老人数量 | 1.69 | 1.66 | 1.66 | 1.62 | 1.49 | 1.58 | 1.63 | 1.64 | 1.60 | 1.65 |
| 城镇 | | | | | | | | | | |
| 14周岁以下小孩数量 | 0.30 | 0.27 | 0.26 | 0.24 | 0.27 | 0.26 | 0.25 | 0.28 | 0.24 | 0.25 |
| 14~60周岁家庭成员数量 | 1.78 | 1.78 | 1.79 | 1.76 | 2.00 | 1.99 | 2.02 | 2.16 | 2.27 | 2.29 |
| 60周岁以上老人数量 | 1.63 | 1.69 | 1.64 | 1.65 | 1.57 | 1.64 | 1.69 | 1.71 | 1.65 | 1.73 |
| 农村 | | | | | | | | | | |
| 14周岁以下小孩数量 | 0.30 | 0.31 | 0.33 | 0.36 | 0.27 | 0.38 | 0.27 | 0.28 | 0.25 | 0.31 |
| 14~60周岁家庭成员数量 | 1.98 | 2.11 | 2.14 | 2.32 | 2.61 | 2.64 | 2.67 | 2.88 | 3.26 | 3.86 |
| 60周岁以上老人数量 | 1.71 | 1.70 | 1.65 | 1.60 | 1.48 | 1.49 | 1.56 | 1.60 | 1.55 | 1.55 |

表4.9　家庭成员等值规模调整后的系数

| | 收入十等分分组 | | | | | | | | | |
|---|---|---|---|---|---|---|---|---|---|---|
| | 1 | 2 | 3 | 4 | 5 | 6 | 7 | 8 | 9 | 10 |
| 全国 | | | | | | | | | | |
| 未经调整 | 3.89 | 4.00 | 4.05 | 4.06 | 4.11 | 4.16 | 4.30 | 4.47 | 4.70 | 4.82 |
| EU等值规模 | 2.39 | 2.44 | 2.46 | 2.47 | 2.49 | 2.52 | 2.60 | 2.68 | 2.80 | 2.85 |
| OECD等值规模 | 2.97 | 3.04 | 3.07 | 3.08 | 3.11 | 3.15 | 3.26 | 3.38 | 3.54 | 3.62 |
| Luxembourg等值规模 | 2.55 | 2.60 | 2.63 | 2.63 | 2.65 | 2.68 | 2.74 | 2.82 | 2.91 | 2.95 |
| 城镇 | | | | | | | | | | |
| 未经调整 | 3.71 | 3.75 | 3.69 | 3.65 | 3.84 | 3.89 | 3.96 | 4.15 | 4.16 | 4.27 |
| EU等值规模 | 2.29 | 2.32 | 2.29 | 2.28 | 2.37 | 2.39 | 2.43 | 2.52 | 2.53 | 2.59 |
| OECD等值规模 | 2.83 | 2.87 | 2.83 | 2.81 | 2.94 | 2.97 | 3.02 | 3.15 | 3.17 | 3.24 |
| Luxembourg等值规模 | 2.47 | 2.49 | 2.46 | 2.44 | 2.53 | 2.55 | 2.59 | 2.67 | 2.68 | 2.72 |
| 农村 | | | | | | | | | | |
| 未经调整 | 3.99 | 4.12 | 4.11 | 4.29 | 4.37 | 4.51 | 4.51 | 4.77 | 5.06 | 5.71 |

| | 收入十等分分组 | | | | | | | | | |
|---|---|---|---|---|---|---|---|---|---|---|
| | 1 | 2 | 3 | 4 | 5 | 6 | 7 | 8 | 9 | 10 |
| EU 等值规模 | 2.44 | 2.50 | 2.49 | 2.57 | 2.63 | 2.68 | 2.70 | 2.83 | 2.98 | 3.30 |
| OECD 等值规模 | 3.03 | 3.12 | 3.11 | 3.23 | 3.30 | 3.38 | 3.40 | 3.58 | 3.79 | 4.24 |
| Luxembourg 等值规模 | 2.59 | 2.65 | 2.65 | 2.74 | 2.78 | 2.84 | 2.83 | 2.95 | 3.08 | 3.34 |

# 4.4 间接税负担的代内归宿

## 4.4.1 税负代内归宿的计算方法

测算不同年龄段居民的平均间接税税负需要了解每个年龄段居民的消费状况，但是由于个人的消费往往是作为家庭消费的一部分而存在，而我国所有的微观调查数据中的消费变量几乎都是以"整体家庭消费"的方式出现的。为了得到老人与小孩的个人消费数据，我们需要利用科学的方法将家庭消费合理地分配给每个人。Narayana（2014）利用"等价尺度"方法，将家庭中20 周岁以上的成人的消费系数设为 1，4 周岁以上 20 周岁以下家庭成员的消费系数线性递减，4 周岁及 4 周岁以下儿童的消费系数设为 0.4。主观设定的消费系数大大简便了后续的计算，但也有可能损害结论的稳健性。本书利用2012 年中国家庭追踪微观调查数据（CFPS），将"同灶吃饭"，即与家庭经济联系在一起的人数定义为一个家庭[①]。借鉴通行的做法，假定家庭中成人消费系数为 1（成人是指年龄在 18 到 59 周岁，包含 18 和 59 周岁，且不需家庭供养的居民），具体又将 18 周岁以下的孩子分为三个年龄段：0~5 周岁为幼儿期、6~12 周岁为儿童期和 13~18 周岁为青少年期，这主要是根据小孩学前、小学和中学的年龄段来划分的。老人是指家庭中 60 周岁及以上年龄的人口。在我国长期实施的"计划生育"政策的影响下，大部分家庭只拥有 1 个或 2 个孩子，在调查中家庭孩子数量大于或等于 3 的家庭样本只占样本总数的 0.92%，为了便于研究，本书删除了 18 周岁以下孩子数量大于或等于 3 的家庭样本。

---

① 在 CFPS2012 年中，"不同灶吃饭"的类型主要有以下五类：外出读书，且不需要家里供养；外出工作、出境，且有正式工作不供养家庭或是没有正式工作不被家里供养；基因成员的在外且不需供养的新生子女；从家庭中分裂组成的新家庭：分家、离婚和出嫁；特殊人群：出家、服刑、参军和去世。

本书的研究可以分为以下四种情况：①拥有一个孩子的家庭和没有孩子的家庭；②有两个孩子的家庭和没有孩子的家庭；③有一个老人的家庭和没有老人的家庭；④有两个老人的家庭和没有老人的家庭。采用倾向匹配得分（propensity score matching，PSM）方法，分别对比四类家庭与没有孩子或老人的家庭在消费总额与各明细项之间的差别。具体测算方法如下：在第一种情形下，将拥有一个孩子的家庭的"小孩"变量设定为1，没有孩子的家庭设定为0；在第二种情形下，将拥有两个孩子的家庭的"小孩"变量设定为1，没有孩子的家庭设定为0。同样的方法可以直接用来处理第三、第四种情形。采用PSM方法为"小孩"（或"老人"）变量为1的家庭匹配一组特征十分相似而"小孩"（或"老人"）变量为0的家庭。确定影响家庭"小孩"或"老人"变量取值的因素，本书根据收入水平、财产状况、受教育水平、地区差异和家庭结构，选取了家庭人均收入、调查当年住房市场价值、户主受教育水平、样本来源省份以及其他家庭成员数量等指标对样本进行匹配①。

表4.10汇报了家庭老人或小孩数量与家庭总消费的平均处理效应。与"小孩"变量或"老人"变量为0的家庭相比，在其他条件相似的情形下，拥有小孩或老人的家庭的总消费显著增加。同时我们也可以看到，拥有两个小孩或老人的家庭总消费增加额并非是拥有一个小孩或老人的家庭总消费增加额的两倍，这很可能是由于在实际生活中，许多日常用品和服务可以共同使用而不需要所有物品都购买两份。值得说明的是，两个小孩的"处理组"家庭是指家庭同时拥有相同年龄段的两个小孩，本书并没有对家庭在不同年龄段的孩子数量进行对比分析。

表4.10　家庭老人或小孩数量与家庭总消费的平均处理效应

| 年龄 | 样本 | (1) 一个小孩/老人 | | | | (2) 两个小孩/老人 | | | |
| --- | --- | --- | --- | --- | --- | --- | --- | --- | --- |
| | | 处理组 | 控制组 | ATT | t 值 | 处理组 | 控制组 | ATT | t 值 |
| 0~5周岁 | 匹配前 | 19 820.55 | 17 967.36 | 1 853.18 | 2.57*** | 24 975.41 | 20 795.33 | 4 180.08 | 3.10*** |
| | 匹配后 | 19 820.55 | 17 030.18 | 2 790.37 | 3.28*** | 24 975.41 | 19 720.52 | 5 254.90 | 3.13*** |
| 6~12周岁 | 匹配前 | 20 803.20 | 17 740.58 | 3 062.62 | 4.69*** | 20 334.83 | 18 317.02 | 2 017.81 | 1.18 |
| | 匹配后 | 20 803.20 | 17 442.25 | 3 360.95 | 4.22*** | 20 334.83 | 14 783.46 | 5 551.37 | 2.87*** |

① 在不同的情形下，家庭结构的选择变量也不相同，例如，在测算0~5周岁小孩的消费时，其他家庭成员数量为6~12周岁、13~18周岁小孩的数量，家庭中19~22周岁在校生且需家庭供养的成人数量以及60周岁以上老人的数量。

| 年龄 | 样本 | （1） 一个小孩/老人 | | | | （2） 两个小孩/老人 | | | |
|---|---|---|---|---|---|---|---|---|---|
| | | 处理组 | 控制组 | ATT | t 值 | 处理组 | 控制组 | ATT | t 值 |
| 13~18 周岁 | 匹配前 | 20 576.50 | 17 706.21 | 2 870.29 | 4.49*** | 22 139.59 | 22 374.63 | −235.03 | −0.10 |
| | 匹配后 | 20 576.50 | 17 157.09 | 3 419.41 | 4.83*** | 22 139.59 | 16 430.98 | 5 708.61 | 2.70*** |
| 60 周岁以上老人 | 匹配前 | 20 323.46 | 18 110.16 | 2 213.30 | 1.67* | 22 993.53 | 16 491.08 | 6 502.45 | 4.78*** |
| | 匹配后 | 20 323.46 | 16 988.24 | 3 335.23 | 2.11** | 22 993.53 | 17 256.98 | 5 736.55 | 2.12** |

注：***、**、*分别表示在1%、5%和10%的统计水平上显著。

与上文相对应，我们将家庭消费分为 20 个子项目，探讨拥有小孩和老人的家庭消费增长的具体方面。表 4.11 至表 4.14 汇报了分细项家庭消费支出的平均处理效应结果，拥有 0~5 周岁幼儿的家庭在食品、交通费用、衣着、家电购置和保险支出上显著增加；6~18 周岁的小孩普遍处于义务教育和高中教育阶段，除了正常增加的食品、衣着等支出外，在这个年龄段，家庭的文体娱乐费用和教育支出也大幅增加；对于 60 岁以上的老人而言，健康问题逐渐突出，住院支出、药品及保健等支出显著增加。值得注意的是，在删除异常值之后，在每个消费明细项中样本的数量大大减少，导致部分结果不显著或与现实中人们通常的理解不一致。

表 4.11 一个小孩分细项消费支出的平均处理效应

| 类型 | 样本 | 0~5周岁 | | | | 类型 | 样本 | 6~12周岁 | | | |
| --- | --- | --- | --- | --- | --- | --- | --- | --- | --- | --- | --- |
| 农林生产投入 | 匹配前 | 4 174.21 | 3 700.45 | 473.76 | 0.60 | 农林生产投入 | 匹配前 | 2 625.88 | 2 597.83 | 28.05 | 0.21 |
| | 匹配后 | 4 174.21 | 4 323.96 | -149.75 | -0.18 | | 匹配后 | 2 625.88 | 2 662.52 | -36.65 | -0.26 |
| 外出就餐费用 | 匹配前 | 115.13 | 78.07 | 37.06 | 1.88* | 外出就餐费用 | 匹配前 | 67.38 | 68.72 | -1.34 | -0.15 |
| | 匹配后 | 115.13 | 80.48 | 34.65 | 2.00** | | 匹配后 | 67.38 | 62.77 | 4.62 | 0.63 |
| 食品香烟酒水 | 匹配前 | 320.65 | 245.92 | 74.73 | 3.95*** | 食品香烟酒水 | 匹配前 | 246.07 | 235.26 | 10.81 | 1.17 |
| | 匹配后 | 320.65 | 240.57 | 80.08 | 3.96*** | | 匹配后 | 246.07 | 225.49 | 20.58 | 2.41*** |
| 交通邮电通信 | 匹配前 | 428.04 | 240.08 | 187.96 | 8.78*** | 交通邮电通信 | 匹配前 | 260.59 | 234.98 | 25.61 | 2.44*** |
| | 匹配后 | 428.04 | 269.80 | 158.24 | 5.12*** | | 匹配后 | 260.59 | 219.18 | 41.41 | 3.53*** |
| 水电费 | 匹配前 | 125.06 | 92.33 | 32.73 | 5.08*** | 水电费 | 匹配前 | 92.36 | 86.28 | 6.08 | 1.92* |
| | 匹配后 | 125.06 | 86.70 | 38.36 | 4.82*** | | 匹配后 | 92.36 | 82.64 | 9.72 | 2.83*** |
| 燃料费 | 匹配前 | 64.27 | 56.69 | 7.59 | 1.43 | 燃料费 | 匹配前 | 54.86 | 54.85 | 0.01 | 0.00 |
| | 匹配后 | 64.27 | 54.83 | 9.44 | 1.40 | | 匹配后 | 54.86 | 54.75 | 0.12 | 0.03 |
| 取暖费 | 匹配前 | 447.28 | 413.16 | 34.11 | 0.70 | 取暖费 | 匹配前 | 388.26 | 368.86 | 19.40 | 0.78 |
| | 匹配后 | 447.28 | 393.76 | 53.52 | 0.76 | | 匹配后 | 388.26 | 369.05 | 19.21 | 0.72 |
| 居民服务费用 | 匹配前 | 358.59 | 209.48 | 149.10 | 2.73*** | 居民服务费用 | 匹配前 | 202.71 | 143.49 | 59.22 | 3.59*** |
| | 匹配后 | 358.59 | 239.72 | 118.87 | 2.21** | | 匹配后 | 202.71 | 129.18 | 73.53 | 4.08*** |

| 类型 | 样本 | 0~5周岁 | | | | 6~12周岁 | | | |
|---|---|---|---|---|---|---|---|---|---|
| 保健支出 | 匹配前 | 120.21 | 255.75 | -135.54 | -1.22 | 62.60 | 114.91 | -52.31 | -2.18** |
| | 匹配后 | 120.21 | 240.68 | -120.48 | -1.93* | 62.60 | 104.91 | -42.31 | -2.39*** |
| 物业费 | 匹配前 | 127.91 | 108.34 | 19.57 | 0.70 | 73.31 | 77.21 | -3.90 | -0.30 |
| | 匹配后 | 127.91 | 99.58 | 28.34 | 1.03 | 73.31 | 68.92 | 4.39 | 0.37 |
| 日用品 | 匹配前 | 73.27 | 51.47 | 21.80 | 4.70*** | 55.57 | 51.08 | 4.48 | 2.21** |
| | 匹配后 | 73.27 | 51.26 | 22.01 | 4.65*** | 55.57 | 48.85 | 6.72 | 3.15*** |
| 衣着消费 | 匹配前 | 2 522.14 | 1 690.25 | 831.89 | 5.61*** | 1 975.61 | 1 623.26 | 352.35 | 5.89*** |
| | 匹配后 | 2 522.14 | 1 918.81 | 603.33 | 3.53*** | 1 975.61 | 1 548.17 | 427.44 | 7.10*** |
| 家电购置费用 | 匹配前 | 571.54 | 351.34 | 220.19 | 3.02*** | 292.38 | 313.56 | -21.19 | -0.63 |
| | 匹配后 | 571.54 | 369.54 | 202.00 | 2.23** | 292.38 | 272.55 | 19.83 | 0.64 |
| 文体娱乐费用 | 匹配前 | 1 025.43 | 849.38 | 176.05 | 0.91 | 569.48 | 483.00 | 86.49 | 1.55 |
| | 匹配后 | 1 025.43 | 738.47 | 286.96 | 1.40 | 569.48 | 421.26 | 148.23 | 2.62*** |
| 汽车购置 | 匹配前 | 4 642.15 | 3 642.48 | 999.66 | 0.53 | 410.17 | 119.19 | 290.98 | 5.12*** |
| | 匹配后 | 4 642.15 | 3 015.02 | 1 627.13 | 1.16 | 410.17 | 120.45 | 289.72 | 3.12*** |
| 其他交通通信 | 匹配前 | 1 147.68 | 670.10 | 477.58 | 2.90*** | 764.12 | 609.47 | 154.65 | 3.48*** |
| | 匹配后 | 1 147.68 | 752.90 | 394.78 | 2.00** | 764.12 | 561.74 | 202.38 | 4.12*** |

共享发展视域下中国税收制度再分配效应研究

| 类型 | 样本 | 0~5周岁 |  |  |  | 6~12周岁 |  |  |  |
| --- | --- | --- | --- | --- | --- | --- | --- | --- | --- |
| 家具等耐用品 | 匹配前 | 836.76 | 1 049.10 | -212.34 | -0.99 | 706.30 | 715.20 | -8.91 | -0.15 |
|  | 匹配后 | 836.76 | 1 136.36 | -299.60 | -1.60 | 706.30 | 685.52 | 20.77 | 0.34 |
| 教育费用 | 匹配前 | 2 012.68 | 1 930.52 | 82.16 | 0.19 | 3 144.29 | 2 578.87 | 565.42 | 3.75*** |
|  | 匹配后 | 2 012.68 | 2 219.78 | -207.09 | -0.65 | 3 144.29 | 2 259.99 | 884.30 | 6.70*** |
| 医疗支出 | 匹配前 | 4 150.34 | 4 617.54 | -467.20 | -0.73 | 1 555.87 | 1 711.14 | -155.27 | -3.22*** |
|  | 匹配后 | 4 150.34 | 3 926.59 | 223.75 | 0.42 | 1 555.87 | 1 728.54 | -172.67 | -3.60*** |
| 保险支出 | 匹配前 | 1 236.11 | 520.01 | 716.09 | 5.55*** | 535.29 | 382.75 | 152.54 | 2.92*** |
|  | 匹配后 | 1 236.11 | 586.85 | 649.26 | 3.45*** | 535.29 | 346.73 | 188.56 | 3.17*** |

表 4.12　一个小孩和老人分细项消费支出的平均处理效应

| 类型 | 样本 | 13~18周岁 |  |  |  | 60周岁以上 |  |  |  |
| --- | --- | --- | --- | --- | --- | --- | --- | --- | --- |
| 农林生产投入 | 匹配前 | 2 670.85 | 2 591.23 | 79.62 | 0.61 | 5 673.46 | 5 541.66 | 131.80 | 0.14 |
|  | 匹配后 | 2 670.85 | 2 625.75 | 45.10 | 0.32 | 5 673.46 | 5 612.44 | 61.02 | 0.06 |
| 外出就餐费用 | 匹配前 | 63.64 | 69.82 | -6.18 | -0.70 | 58.80 | 94.40 | -35.59 | -2.16** |
|  | 匹配后 | 63.64 | 61.93 | 1.71 | 0.23 | 58.80 | 61.00 | -2.20 | -0.16 |

| 类型 | 样本 | 13~18周岁 | | | | 类型 | 样本 | 60周岁以上 | | | |
|---|---|---|---|---|---|---|---|---|---|---|---|
| 食品香烟酒水 | 匹配前 | 243.60 | 232.46 | 11.14 | 1.19 | 食品香烟酒水 | 匹配前 | 281.07 | 230.75 | 50.33 | 2.72*** |
| | 匹配后 | 243.60 | 222.25 | 21.35 | 2.19** | | 匹配后 | 249.52 | 199.25 | 81.82 | 3.43*** |
| 交通邮电通信 | 匹配前 | 259.46 | 233.80 | 25.66 | 2.51*** | 交通邮电通信 | 匹配前 | 293.38 | 329.01 | -35.63 | -1.71* |
| | 匹配后 | 259.46 | 212.71 | 46.75 | 4.10*** | | 匹配后 | 293.38 | 287.79 | 5.59 | 0.26 |
| 水电费 | 匹配前 | 88.13 | 86.85 | 1.28 | 0.41 | 水电费 | 匹配前 | 97.59 | 98.21 | -0.62 | -0.10 |
| | 匹配后 | 88.13 | 82.61 | 5.52 | 1.70* | | 匹配后 | 97.59 | 85.08 | 12.51 | 1.55* |
| 燃料费 | 匹配前 | 53.61 | 54.96 | -1.35 | -0.43 | 燃料费 | 匹配前 | 67.75 | 56.41 | 11.34 | 2.09** |
| | 匹配后 | 53.61 | 54.70 | -1.10 | -0.38 | | 匹配后 | 67.75 | 52.84 | 14.91 | 2.37*** |
| 取暖费 | 匹配前 | 315.60 | 382.30 | -66.70 | -2.76*** | 取暖费 | 匹配前 | 332.67 | 370.69 | -38.02 | -1.03 |
| | 匹配后 | 315.60 | 368.88 | -53.28 | -2.31** | | 匹配后 | 332.67 | 364.54 | -31.87 | -0.81 |
| 居民服务费用 | 匹配前 | 142.77 | 154.02 | -11.25 | -0.70 | 居民服务费用 | 匹配前 | 262.85 | 251.54 | 11.32 | 0.20 |
| | 匹配后 | 142.77 | 139.68 | 3.09 | 0.20 | | 匹配后 | 262.85 | 197.46 | 65.39 | 0.82 |
| 保健支出 | 匹配前 | 56.46 | 116.64 | -60.18 | -2.57*** | 保健支出 | 匹配前 | 169.97 | 164.23 | 5.73 | 0.06 |
| | 匹配后 | 56.46 | 104.87 | -48.41 | -2.76** | | 匹配后 | 169.97 | 49.86 | 120.11 | 1.76" |
| 物业费 | 匹配前 | 60.53 | 79.58 | -19.05 | -1.50 | 物业费 | 匹配前 | 65.92 | 85.88 | -19.95 | -0.89 |
| | 匹配后 | 60.53 | 66.58 | -6.05 | -0.48 | | 匹配后 | 65.92 | 72.52 | -6.60 | -0.26 |

4 间接税再分配效应分析

| 类型 | 样本 | | | | 类型 | 样本 | | | |
|---|---|---|---|---|---|---|---|---|---|
| 日用品 | 匹配前 | 53.64 | 51.36 | 2.28 | 日用品 | 匹配前 | 59.04 | 59.39 | -0.35 |
| | 匹配后 | 53.64 | 48.08 | 5.56 | | 匹配后 | 59.04 | 58.77 | 0.26 |
| | | 1.15 | | | | | -0.08 | | |
| | | 3.01*** | | | | | 0.04 | | |
| 衣着消费 | 匹配前 | 1 859.59 | 1 640.45 | 219.13 | 衣着消费 | 匹配前 | 2 378.93 | 2 267.36 | 111.57 |
| | 匹配后 | 1 859.59 | 1 516.36 | 343.23 | | 匹配后 | 2 378.93 | 1 924.43 | 454.50 |
| | | 3.75*** | | | | | 0.49 | | |
| | | 5.70*** | | | | | 1.21 | | |
| 家电购置费用 | 匹配前 | 316.94 | 310.44 | 6.50 | 家电购置费用 | 匹配前 | 494.48 | 473.27 | 21.21 |
| | 匹配后 | 316.94 | 276.02 | 40.92 | | 匹配后 | 494.48 | 398.75 | 95.74 |
| | | 0.20 | | | | | 0.30 | | |
| | | 1.20 | | | | | 1.15 | | |
| 文体娱乐费用 | 匹配前 | 419.38 | 510.24 | -90.86 | 文体娱乐费用 | 匹配前 | 385.23 | 214.87 | 170.37 |
| | 匹配后 | 419.38 | 430.20 | -10.82 | | 匹配后 | 385.23 | 154.77 | 230.47 |
| | | -1.67* | | | | | 4.24 | | |
| | | -0.21 | | | | | 2.45 | | |
| 汽车购置 | 匹配前 | 141.79 | 163.65 | -21.86 | 汽车购置 | 匹配前 | 3 505.28 | 4 548.22 | -1 042.94 |
| | 匹配后 | 141.79 | 140.33 | 1.46 | | 匹配后 | 3 505.28 | 2 068.07 | 1 437.22 |
| | | -0.40 | | | | | -0.85 | | |
| | | 0.03 | | | | | 1.01 | | |
| 其他交通通信 | 匹配前 | 679.99 | 621.99 | 58.00 | 其他交通通信 | 匹配前 | 972.23 | 982.77 | -10.54 |
| | 匹配后 | 679.99 | 587.22 | 92.77 | | 匹配后 | 972.23 | 844.50 | 127.74 |
| | | 1.34 | | | | | -0.05 | | |
| | | 1.99** | | | | | 0.56 | | |
| 家具等耐用品 | 匹配前 | 628.90 | 728.56 | -99.66 | 家具等耐用品 | 匹配前 | 954.32 | 998.77 | -44.44 |
| | 匹配后 | 628.90 | 664.52 | -35.62 | | 匹配后 | 954.32 | 839.67 | 114.66 |
| | | -1.69* | | | | | -0.33 | | |
| | | -0.58 | | | | | 0.78 | | |
| 教育费用 | 匹配前 | 4 807.04 | 2 213.40 | 2 593.64 | 教育费用 | 匹配前 | 3 915.18 | 4 259.25 | -344.06 |
| | 匹配后 | 4 807.04 | 2 269.40 | 2 537.64 | | 匹配后 | 3 915.18 | 3 945.26 | -30.08 |
| | | 18.08*** | | | | | -1.03 | | |
| | | 14.47*** | | | | | -0.08 | | |

| 类型 | 样本 | | 13~18周岁 | | |
| --- | --- | --- | --- | --- | --- |
| 医疗支出 | 匹配前 | 3 608.78 | 4 337.02 | -728.25 | -1.96* |
| 医疗支出 | 匹配后 | 3 608.78 | 4 134.51 | -525.73 | -1.39 |
| 保险支出 | 匹配前 | 417.42 | 404.98 | 12.44 | 0.24 |
| 保险支出 | 匹配后 | 417.42 | 336.60 | 80.83 | 1.66 |

| 类型 | 样本 | | 60周岁以上 | | |
| --- | --- | --- | --- | --- | --- |
| 医疗支出 | 匹配前 | 4 846.94 | 4 091.30 | 755.64 | 1.03 |
| 医疗支出 | 匹配后 | 4 846.94 | 3 358.32 | 1 488.62 | 2.47*** |
| 保险支出 | 匹配前 | 599.69 | 871.63 | -271.94 | -2.05** |
| 保险支出 | 匹配后 | 599.69 | 527.96 | 71.73 | 0.53 |

表 4.13　两个小孩分细项消费支出的平均处理效应

| 类型 | 样本 | | 0~5周岁 | | |
| --- | --- | --- | --- | --- | --- |
| 农林生产投入 | 匹配前 | 3 295.45 | 3 829.67 | -534.21 | -0.28 |
| 农林生产投入 | 匹配后 | 3 295.45 | 3 411.86 | -116.41 | -0.09 |
| 外出就餐费用 | 匹配前 | 27.46 | 78.04 | -50.57 | -1.18 |
| 外出就餐费用 | 匹配后 | 27.46 | 94.15 | -66.69 | -1.08 |
| 食品香烟酒水 | 匹配前 | 248.20 | 235.50 | 12.70 | 0.32 |
| 食品香烟酒水 | 匹配后 | 248.20 | 156.77 | 91.42 | 2.61 |
| 交通邮电通信 | 匹配前 | 251.82 | 250.25 | 1.57 | 0.03 |
| 交通邮电通信 | 匹配后 | 251.82 | 218.68 | 33.14 | 0.57 |

| 类型 | 样本 | | 6~12周岁 | | |
| --- | --- | --- | --- | --- | --- |
| 农林生产投入 | 匹配前 | 3 455.85 | 2 597.83 | 858.02 | 1.98* |
| 农林生产投入 | 匹配后 | 3 455.85 | 2 874.21 | 581.64 | 0.89 |
| 外出就餐费用 | 匹配前 | 60.75 | 68.72 | -7.97 | -0.26 |
| 外出就餐费用 | 匹配后 | 60.75 | 64.39 | -3.64 | -0.14 |
| 食品香烟酒水 | 匹配前 | 211.12 | 236.78 | -25.66 | -0.85 |
| 食品香烟酒水 | 匹配后 | 211.12 | 148.53 | 62.59 | 1.78* |
| 交通邮电通信 | 匹配前 | 200.24 | 234.98 | -34.73 | -1.05 |
| 交通邮电通信 | 匹配后 | 200.24 | 203.93 | -3.69 | -0.09 |

共享发展视域下中国税收制度再分配效应研究

| 类型 | 样本 | 0~5周岁 | | | | 类型 | 样本 | 6~12周岁 | | | |
|---|---|---|---|---|---|---|---|---|---|---|---|
| 水电费 | 匹配前 | 98.82 | 90.18 | 8.64 | 0.58 | 水电费 | 匹配前 | 75.45 | 86.28 | -10.83 | -1.07 |
| | 匹配后 | 98.82 | 71.90 | 26.92 | 1.67 | | 匹配后 | 75.45 | 76.87 | -1.42 | -0.11 |
| 燃料费 | 匹配前 | 46.20 | 53.97 | -7.78 | -0.59 | 燃料费 | 匹配前 | 50.31 | 54.85 | -4.54 | -0.48 |
| | 匹配后 | 46.20 | 60.31 | -14.11 | -0.71 | | 匹配后 | 50.31 | 60.98 | -10.67 | -0.83 |
| 取暖费 | 匹配前 | 308.45 | 351.74 | -43.29 | -0.45 | 取暖费 | 匹配前 | 242.80 | 368.86 | -126.06 | -1.59 |
| | 匹配后 | 308.45 | 455.92 | -147.46 | -0.94 | | 匹配后 | 242.80 | 311.03 | -68.22 | -0.73 |
| 居民服务费用 | 匹配前 | 308.45 | 351.74 | -43.29 | -0.45 | 居民服务费用 | 匹配前 | 56.54 | 143.49 | -86.95 | -1.66 |
| | 匹配后 | 308.45 | 455.92 | -147.46 | -0.94 | | 匹配后 | 56.54 | 126.77 | -70.22 | -1.54 |
| 保健支出 | 匹配前 | 74.65 | 166.41 | -91.76 | -0.48 | 保健支出 | 匹配前 | 11.50 | 114.91 | -103.42 | -1.27 |
| | 匹配后 | 74.65 | 56.34 | 18.31 | 0.34 | | 匹配后 | 11.50 | 42.48 | -30.98 | -1.02 |
| 物业费 | 匹配前 | 15.63 | 92.52 | -76.89 | -1.31 | 物业费 | 匹配前 | 14.30 | 77.21 | -62.91 | -1.47 |
| | 匹配后 | 15.63 | 55.97 | -40.34 | -1.59 | | 匹配后 | 14.30 | 19.89 | -5.59 | -0.47 |
| 日用品 | 匹配前 | 64.32 | 50.99 | 13.33 | 1.39 | 日用品 | 匹配前 | 55.18 | 51.67 | 3.51 | 0.48 |
| | 匹配后 | 64.32 | 37.45 | 26.87 | 2.25 | | 匹配后 | 55.18 | 36.69 | 18.49 | 2.74*** |
| 衣着消费 | 匹配前 | 1273.53 | 1175.41 | 98.12 | 0.84 | 衣着消费 | 匹配前 | 1681.97 | 1748.57 | -66.60 | -0.25 |
| | 匹配后 | 1273.53 | 1072.91 | 200.63 | 1.91 | | 匹配后 | 1681.97 | 1099.02 | 582.95 | 3.05*** |

| 类型 | 样本 | 0~5周岁 | | | | 类型 | 样本 | 6~12周岁 | | | |
| --- | --- | --- | --- | --- | --- | --- | --- | --- | --- | --- | --- |
| 家电购置费用 | 匹配前 | 166.17 | 351.12 | -184.95 | -1.18 | 家电购置费用 | 匹配前 | 216.82 | 313.56 | -96.74 | -0.87 |
| | 匹配后 | 166.17 | 86.90 | 79.27 | 0.74 | | 匹配后 | 216.82 | 282.24 | -65.42 | -0.50 |
| 文体娱乐费用 | 匹配前 | 332.25 | 763.75 | -431.49 | -0.97 | 文体娱乐费用 | 匹配前 | 143.97 | 483.00 | -339.02 | -1.89* |
| | 匹配后 | 332.25 | 273.87 | 58.38 | 0.27 | | 匹配后 | 143.97 | 356.02 | -212.05 | -1.17 |
| 汽车购置 | 匹配前 | 5 225.35 | 3 493.62 | 1 731.73 | 0.47 | 汽车购置 | 匹配前 | 6 475.41 | 3 345.29 | 3 130.12 | 1.10 |
| | 匹配后 | 5 225.35 | 605.63 | 4 619.72 | 1.08 | | 匹配后 | 6 475.41 | 2 942.62 | 3 532.79 | 0.77 |
| 其他交通通信 | 匹配前 | 697.11 | 732.28 | -35.16 | -0.05 | 其他交通通信 | 匹配前 | 647.98 | 609.47 | 38.51 | 0.27 |
| | 匹配后 | 697.11 | 810.35 | -113.24 | -0.44 | | 匹配后 | 647.98 | 486.64 | 161.35 | 0.83 |
| 家具等耐用品 | 匹配前 | 333.80 | 847.60 | -513.80 | -1.25 | 家具等耐用品 | 匹配前 | 378.13 | 715.20 | -337.07 | -1.72* |
| | 匹配后 | 333.80 | 293.66 | 40.14 | 0.25 | | 匹配后 | 378.13 | 598.60 | -220.47 | -1.41 |
| 教育费用 | 匹配前 | 1 829.01 | 3 093.10 | -1 264.08 | -1.38 | 教育费用 | 匹配前 | 2 810.56 | 2 578.87 | 231.69 | 0.46 |
| | 匹配后 | 1 829.01 | 4 795.07 | -2 966.06 | -1.46 | | 匹配后 | 2 810.56 | 1 782.06 | 1 028.50 | 1.96** |
| 医疗支出 | 匹配前 | 3 661.55 | 3 739.88 | -78.33 | -0.06 | 医疗支出 | 匹配前 | 2 326.89 | 3 865.90 | -1 539.02 | -1.39 |
| | 匹配后 | 3 661.55 | 6 607.04 | -2 945.49 | -0.72 | | 匹配后 | 2 326.89 | 3 924.39 | -1 597.50 | -1.58 |
| 保险支出 | 匹配前 | 3 270.00 | 3 075.60 | 194.40 | 0.10 | 保险支出 | 匹配前 | 255.70 | 382.75 | -127.05 | -0.77 |
| | 匹配后 | 3 270.00 | 2 779.14 | 490.86 | 0.26 | | 匹配后 | 255.70 | 571.12 | -315.42 | -1.13 |

4 间接税再分配效应分析

表 4.14 两个小孩和老人分细项消费支出的平均处理效应

| 类型 | 样本 | 13~18周岁 | | | | 类型 | 样本 | 60周岁以上 | | | |
|---|---|---|---|---|---|---|---|---|---|---|---|
| 农林生产投入 | 匹配前 | 3 528.07 | 2 591.23 | 936.84 | 2.23 | 农林生产投入 | 匹配前 | 3 584.62 | 3 020.76 | 563.86 | 1.01 |
| | 匹配后 | 3 528.07 | 2 913.84 | 614.23 | 1.26 | | 匹配后 | 3 584.62 | 4 854.01 | −1 269.39 | −1.11 |
| 外出就餐费用 | 匹配前 | 34.38 | 69.82 | −35.44 | −1.20 | 外出就餐费用 | 匹配前 | 92.10 | 73.49 | 18.60 | 0.77 |
| | 匹配后 | 34.38 | 42.08 | −7.70 | −0.58 | | 匹配后 | 92.10 | 51.64 | 40.46 | 1.25 |
| 食品香烟酒水 | 匹配前 | 260.17 | 239.38 | 20.79 | 0.70 | 食品香烟酒水 | 匹配前 | 319.08 | 230.75 | 88.33 | 3.91*** |
| | 匹配后 | 260.17 | 183.05 | 77.12 | 1.90 | | 匹配后 | 319.08 | 214.89 | 104.19 | 2.60**** |
| 交通邮电通信 | 匹配前 | 271.86 | 233.80 | 38.06 | 1.19 | 交通邮电通信 | 匹配前 | 317.42 | 244.73 | 72.69 | 2.57**** |
| | 匹配后 | 271.86 | 197.40 | 74.46 | 2.20 | | 匹配后 | 317.42 | 325.16 | −7.74 | −0.16 |
| 水电费 | 匹配前 | 82.89 | 91.45 | −8.56 | −0.79 | 水电费 | 匹配前 | 105.16 | 86.16 | 19.00 | 2.22** |
| | 匹配后 | 82.89 | 62.10 | 20.79 | 2.06 | | 匹配后 | 105.16 | 93.50 | 11.66 | 0.94 |
| 燃料费 | 匹配前 | 58.86 | 54.96 | 3.90 | 0.38 | 燃料费 | 匹配前 | 74.37 | 52.97 | 21.40 | 2.67*** |
| | 匹配后 | 58.86 | 50.11 | 8.76 | 1.13 | | 匹配后 | 74.37 | 60.08 | 14.28 | 1.27 |
| 取暖费 | 匹配前 | 204.64 | 382.30 | −177.66 | −2.25 | 取暖费 | 匹配前 | 468.94 | 352.81 | 116.13 | 1.85* |
| | 匹配后 | 204.64 | 348.55 | −143.92 | −2.74 | | 匹配后 | 468.94 | 261.92 | 207.01 | 2.01** |
| 居民服务费用 | 匹配前 | 51.37 | 154.02 | −102.65 | −1.96 | 居民服务费用 | 匹配前 | 154.46 | 198.09 | −43.62 | −0.59 |
| | 匹配后 | 51.37 | 94.03 | −42.66 | −2.37 | | 匹配后 | 154.46 | 160.91 | −6.45 | −0.12 |

| 类型 | 样本 | 13～18周岁 | | | | 60周岁以上 | | | |
| --- | --- | --- | --- | --- | --- | --- | --- | --- | --- |
| 保健支出 | 匹配前 | 12.67 | 116.64 | -103.97 | -1.31 | 292.63 | 146.07 | 146.57 | 1.29 |
| | 匹配后 | 12.67 | 61.39 | -48.71 | -2.45 | 292.63 | 109.09 | 183.55 | 1.81* |
| 物业费 | 匹配前 | 18.38 | 79.58 | -61.20 | -1.50 | 99.99 | 84.48 | 15.51 | 0.44 |
| | 匹配后 | 18.38 | 32.25 | -13.87 | -1.37 | 99.99 | 68.19 | 31.80 | 0.86 |
| 日用品 | 匹配前 | 52.32 | 51.36 | 0.96 | 0.15 | 61.60 | 50.99 | 10.61 | 1.96** |
| | 匹配后 | 52.32 | 43.02 | 9.30 | 1.93 | 61.60 | 62.22 | -0.62 | -0.08 |
| 衣着消费 | 匹配前 | 1 753.45 | 1 640.45 | 113.00 | 0.60 | 1 788.71 | 1 720.51 | 68.20 | 0.39 |
| | 匹配后 | 1 753.45 | 1 448.79 | 304.66 | 1.82 | 1 788.71 | 2 004.24 | -215.53 | -0.76 |
| 家电购置费用 | 匹配前 | 130.17 | 310.44 | -180.27 | -1.70 | 390.86 | 329.98 | 60.88 | 0.68 |
| | 匹配后 | 130.17 | 238.25 | -108.08 | -1.53 | 390.86 | 333.33 | 57.53 | 0.44 |
| 文体娱乐费用 | 匹配前 | 696.55 | 3 073.73 | -2 377.19 | -1.76 | 790.49 | 629.24 | 161.25 | 0.80 |
| | 匹配后 | 696.55 | 956.45 | -259.91 | -0.83 | 790.49 | 333.63 | 456.87 | 2.31*** |
| 汽车购置 | 匹配前 | 146.55 | 163.65 | -17.10 | -0.09 | 2 112.90 | 1 109.90 | 1 003.00 | 1.64 |
| | 匹配后 | 146.55 | 77.84 | 68.71 | 0.45 | 2 112.90 | 1 924.73 | 188.17 | 0.13 |
| 其他交通通信 | 匹配前 | 736.81 | 621.99 | 114.82 | 0.83 | 809.60 | 666.42 | 143.18 | 1.09 |
| | 匹配后 | 736.81 | 621.23 | 115.58 | 0.66 | 809.60 | 1 037.58 | -227.98 | -1.13 |

| 类型 | 样本 | 13~18周岁 | | | |
|---|---|---|---|---|---|
| 家具等耐用品 | 匹配前 | 594.38 | 728.56 | −134.18 | −0.71 |
|  | 匹配后 | 594.38 | 548.06 | 46.32 | 0.33 |
| 教育费用 | 匹配前 | 5 600.28 | 2 213.40 | 3 386.89 | 7.68 |
|  | 匹配后 | 5 600.28 | 2 929.30 | 2 670.98 | 4.50 |
| 医疗支出 | 匹配前 | 3 064.01 | 4 337.02 | −1 273.02 | −1.05 |
|  | 匹配后 | 3 064.01 | 5 144.42 | −2 080.41 | −0.88 |
| 保险支出 | 匹配前 | 1 747.00 | 3 719.34 | −1 972.34 | −1.36 |
|  | 匹配后 | 1 747.00 | 2 527.33 | −780.33 | −0.62 |

| 类型 | 样本 | 60周岁以上 | | | |
|---|---|---|---|---|---|
| 家具等耐用品 | 匹配前 | 799.25 | 800.15 | −0.90 | 0.00 |
|  | 匹配后 | 799.25 | 1 001.13 | −201.88 | −0.81 |
| 教育费用 | 匹配前 | 2 950.81 | 2 830.79 | 120.02 | 0.27 |
|  | 匹配后 | 2 950.81 | 3 094.22 | −143.41 | −0.24 |
| 医疗支出 | 匹配前 | 7 084.37 | 3 349.92 | 3 734.44 | 5.90*** |
|  | 匹配后 | 7 084.37 | 2 914.03 | 4 170.33 | 2.52*** |
| 保险支出 | 匹配前 | 696.18 | 512.88 | 183.31 | 1.13 |
|  | 匹配后 | 696.18 | 732.25 | −36.07 | −0.11 |

上文经过一系列的计算得到了拥有小孩与老人的家庭消费相对于没有小孩与老人的家庭消费的增加额的绝对值。设定家庭成人的消费系数为1，成人是指在本书的定义家庭的内部年满18周岁的居民，小孩和老人的消费系数的计算公式如下：

$$c_{ij} = \frac{\text{ATT}_{ij}}{E(adult\_)c_{ij}} \qquad (4.4)$$

式（4.4）中，$c$ 表示消费系数；ATT 表示消费的平均处理效应；$E(adult\_)c_{ij}$ 表示对应处理组的成人的平均消费额，例如，在计算拥有一个 $0 \sim 5$ 周岁小孩的家庭的消费系数时，$E(adult\_)c_{ij}$ 为处理组家庭成人的平均消费额，采用这种方法能够有效地避免不同年龄区间的处理组之间匹配后的样本选择差异。$i \in (1, 12)$ 代表处理组中小孩或老人的数量；$j$ 表示小孩或老人的年龄分类，测算结果如表 4.15 所示。从表 4.15 可以看到，在未成年人的不同年龄段，其消费系数差别不大，但各年龄段的消费结构存在较大的差异；而由于 60 周岁及以上老年人普遍已离开工作岗位，收入水平降低，出于对无法预期风险的防范以及遗产等方面的考虑，退休后居民的消费会出现一次明显的下降，这主要是因为与工作相关的外出就餐、交通费等支出大幅度减少（邹红和喻开志，2015）。

表 4.15　消费系数的测算结果

| 孩子或老人数量/人 | 0~5 周岁 | 6~12 周岁 | 13~18 周岁 | 60 周岁及以上 |
| --- | --- | --- | --- | --- |
| 1 | 0.415 | 0.430 | 0.439 | 0.599 |
| 2 | 0.762 | 0.826 | 0.864 | 0.773 |

除此之外，从表 4.15 我们也可以看到，在同年龄段有两个孩子的家庭的消费系数略微小于同年龄段只有一个孩子的家庭的消费系数的两倍；但是家庭同时有两个老人的消费系数要远远小于家庭只有一个老人时消费系数的两倍。样本统计发现家庭同时拥有两个老人通常是指老年父母都健在的家庭，在这种情况下，老年父母双方可以互相照顾、互相帮助，不仅有利于他们自身的身体与心灵的健康，减轻子女的照护压力与心理担心，而且老年父母还能帮忙隔代照看小孩以及做家务，节省了年轻夫妇照料子女的费用以及家务活动的时间；老年丧偶会对老年人的身体与心灵产生巨大的冲击，生病以及抑郁的情况常有发生，可能无法单独生活，对子女的依赖性也较强；由一个老人单独照看孩子也容易出现各种问题，因而家庭照料老人以及小孩的费用也随之上升，这也是家庭只有一个老人与有两个老人消费的绝对额相差较大的重要原因。

### 4.4.2 测算结果

上文详细分析了城乡以及处于不同收入分组的家庭间接税的负担情况。但是正如前文所述，在我国间接税是对商品或服务在生产、流通过程中的流转额，以企业为中介征收的税收，个体居民无论贫富老幼在购买商品或服务的过程中均自动缴纳了一定比例的间接税。下面我们将深入研究家庭内部不同年龄段居民的平均间接税税负。家庭成员根据自己的消费情况负担相应的间接税，根据上文对以家庭为基本单位的间接税负担率的测算结果，运用税负代内分配的计算方法，将家庭的间接税的整体税负以及具体各分类增值税、营业税以及消费税在不同年龄段的分配情况进行了测算。

表4.16报告了不同收入分组的家庭间接税负担率代内分配情况。从纵向来看，平均而言，0~5周岁、6~12周岁以及13~18周岁未成年人承担的间接税负担合计分别为1.07%、1.11%和1.14%；成年人的间接税负担率是未成年人的两倍多，平均达到了2.6%；而老年人的负担率为1.55%。将间接税拆分为增值税、消费税和营业税，具体而言，增值税是我国间接税最主要的组成部分，也是家庭间接税负担的主要来源。三类税种的代内税收负担率的分配情况与间接税的整体分布情况类似。综上可以看出，在我国，不同年龄段的居民基本承担了与其消费同等比例的间接税税负，这与我国间接税特别是增值税的税收制度是密切相关的。我国增值税是在生产环节中以厂商为中介征收的税种，在最终消费环节厂商将需要缴纳的部分税收包含在价格中，以价税合一的价内税的方式进行销售，从而转嫁给消费者。由于我国增值税的税制尚不健全，不管是儿童还是成年人、老年人，只要进行消费活动就都负担了包含在商品价格中的间接税。如上所述，还没有进入劳动市场的儿童以及退出劳动市场的老人均需要为自己的消费负担一定比例的间接税，儿童的税负实际上主要由他们的主要抚养人承担，从横向来看，这种转嫁方式无疑进一步扩大了间接税的累退性。

如表4.16所示，从横向来看，0~5周岁儿童中，最低收入组的整体间接税负担率为4.41%，而最高收入组为0.53%，不到最低收入组的八分之一；具体到各个税种可以发现，0~5周岁儿童最低收入组的增值税、营业税和消费税的负担率均为最高收入组的8倍以上。进一步分析可以发现，随着家庭收入水平的提高，税收负担率大致呈现出逐步下降的趋势。以增值税为例，除了最高收入水平的两组中税收负担率略有上升外，低收入组别，特别是最低的三组中，增值税的税收负担率基本上都维持在一个相对较高的水平；而高收入组别的税收负担率基本都在0.5%以下，其他年龄段和其他税种的情况与之类似。一般而言，18 周岁以下的儿童目前还无法取得收入，也就是说，本节第二部分测算的家庭间接税的累进效应实际上是综合每个不同年龄家庭成员税收负担不公平的结果[①]。

家庭对孩子的抚养和教育支出不仅具有较强的正外部性，而且有利于国民经济的长期可持续发展。因而在英国、美国等以所得税为主要税收来源的国家，对于家庭教育、抚养儿童以及赡养老人方面的支出均设有相应的扣除项目。例如，2016 年美国税法规定，年所得在 3 000 美元以上的个人，可以申请 15% 的抚养子女费用退税；有子女的劳动家庭，个人所得税最高抵税额为收入的 40%，而有三名以上子女的劳动家庭最高抵税额可以达到 45%。这极大减轻了家庭照顾子女和赡养老人的负担，全面地反映了纳税人的能力，有利于税收的公平。我国税制中并没有对家庭在这些方面的商品消费设置相应的优惠政策，这相当于认定不同收入的家庭具有相同的纳税能力，所有家庭只要在抚养子女或赡养老人期间购买了该项商品或服务，均需缴纳等量的税收，不利于税收公平性的发挥。

表 4.16　家庭间接税负担率代内分配情况　　　（单位:%）

| 年龄段 | 收入十等分分组 | | | | | | | | | | |
|---|---|---|---|---|---|---|---|---|---|---|---|
| | 1 | 2 | 3 | 4 | 5 | 6 | 7 | 8 | 9 | 10 | 平均 |
| 增值税 | | | | | | | | | | | |
| 0~5 周岁 | 3.72 | 1.33 | 0.87 | 0.70 | 0.48 | 0.48 | 0.38 | 0.37 | 0.34 | 0.45 | 0.91 |
| 6~12 周岁 | 3.85 | 1.39 | 0.88 | 0.72 | 0.50 | 0.50 | 0.39 | 0.38 | 0.35 | 0.46 | 0.94 |
| 13~18 周岁 | 3.94 | 1.41 | 0.91 | 0.74 | 0.50 | 0.51 | 0.40 | 0.39 | 0.36 | 0.47 | 0.96 |
| 成年人 | 9.03 | 3.24 | 2.09 | 1.70 | 1.16 | 1.16 | 0.92 | 0.89 | 0.83 | 1.08 | 2.21 |
| 60 周岁以上 | 5.39 | 1.93 | 1.25 | 1.01 | 0.69 | 0.69 | 0.55 | 0.53 | 0.49 | 0.64 | 1.31 |
| 营业税 | | | | | | | | | | | |
| 0~5 周岁 | 0.41 | 0.17 | 0.10 | 0.08 | 0.06 | 0.05 | 0.05 | 0.05 | 0.04 | 0.05 | 0.10 |
| 6~12 周岁 | 0.42 | 0.17 | 0.11 | 0.09 | 0.06 | 0.06 | 0.05 | 0.05 | 0.05 | 0.06 | 0.10 |
| 13~18 周岁 | 0.43 | 0.18 | 0.11 | 0.09 | 0.06 | 0.06 | 0.05 | 0.05 | 0.05 | 0.06 | 0.10 |
| 成年人 | 0.98 | 0.40 | 0.24 | 0.20 | 0.14 | 0.13 | 0.12 | 0.11 | 0.11 | 0.13 | 0.23 |
| 60 周岁以上 | 0.60 | 0.24 | 0.15 | 0.12 | 0.09 | 0.08 | 0.07 | 0.07 | 0.07 | 0.08 | 0.14 |

---

① 关于分城乡家庭间接税负担率代内分配情况与上文基本一致，为了节省篇幅，本书在此不再赘述。

| 年龄段 | 收入十等分分组 | | | | | | | | | | |
|---|---|---|---|---|---|---|---|---|---|---|---|
| | 1 | 2 | 3 | 4 | 5 | 6 | 7 | 8 | 9 | 10 | 平均 |
| 消费税 | | | | | | | | | | | |
| 0~5周岁 | 0.45 | 0.13 | 0.08 | 0.06 | 0.04 | 0.05 | 0.03 | 0.03 | 0.03 | 0.04 | 0.08 |
| 6~12周岁 | 0.47 | 0.14 | 0.09 | 0.06 | 0.05 | 0.05 | 0.04 | 0.03 | 0.03 | 0.04 | 0.09 |
| 13~18周岁 | 0.48 | 0.14 | 0.09 | 0.07 | 0.05 | 0.05 | 0.04 | 0.03 | 0.03 | 0.04 | 0.09 |
| 成年人 | 1.09 | 0.32 | 0.20 | 0.15 | 0.11 | 0.11 | 0.08 | 0.07 | 0.04 | 0.10 | 0.20 |
| 60周岁以上 | 0.66 | 0.20 | 0.12 | 0.09 | 0.07 | 0.07 | 0.05 | 0.05 | 0.04 | 0.06 | 0.12 |
| 间接税合计 | | | | | | | | | | | |
| 0~5周岁 | 4.41 | 1.56 | 1.01 | 0.82 | 0.56 | 0.56 | 0.45 | 0.43 | 0.41 | 0.53 | 1.07 |
| 6~12周岁 | 4.56 | 1.62 | 1.03 | 0.84 | 0.58 | 0.58 | 0.47 | 0.45 | 0.41 | 0.55 | 1.11 |
| 13~18周岁 | 4.66 | 1.65 | 1.07 | 0.87 | 0.59 | 0.59 | 0.48 | 0.46 | 0.43 | 0.56 | 1.14 |
| 成年人 | 10.70 | 3.79 | 2.44 | 1.99 | 1.35 | 1.36 | 1.09 | 1.05 | 0.99 | 1.29 | 2.60 |
| 60周岁以上 | 6.38 | 2.25 | 1.46 | 1.19 | 0.81 | 0.81 | 0.64 | 0.62 | 0.59 | 0.76 | 1.55 |

## 4.5 本章小结

税收，特别是以增值税和营业税为代表的间接税是我国财政收入最重要的来源，间接税对收入分配的影响对整体税制再分配职能的发挥具有关键作用。本书基于 2012 年 CFPS 微观家庭调查数据，利用家庭规模系数调整方法，借鉴投入产出模型以家庭为基本单位测算了间接税对收入分配差距的影响，并在此基础上对不同收入组别的家庭间接税的负担率以及家庭内部不同年龄段个体承担的间接税负担进行了测算。结果发现：①低收入家庭的间接税负担率远高于高收入家庭的间接税负担率，其中增值税、营业税和消费税最高负担率和最低负担率之比分别为 9.31、7.93 和 8.70。②增值税、消费税和营业税的 $K$ 指数分别为 $-0.1729$、$-0.1698$ 和 $-0.0575$，表明这三个税种都为累退性税种，经过等值规模调整后，由于家庭人口结构对分配差距的影响，增值税的 $K$ 指数虽然有所增加，但是仍为负数，间接税的累退性不变。③间接税扩大了我国居民的收入差距，利用 MT 指数测算发现，增值税、消费税和营业税使我国基尼系数分别上升了 $-1.4\%$、$-0.08\%$ 和 $-0.03\%$，经过等值规模调整后，整个间接税的再分配效应大约在-1%。④不同年龄段的居民都需要为自己的消费承担部分的间接税负担；经测算发现，平均而言，18岁以下小孩对间接税负担是成年人的40%左右，而60岁以上老年人负担的间接税约为成年人的60%。

上述分析表明我国的间接税制度非但没有有效缓解收入不平等，反而扩大了居民之间的收入差距，对再分配具有逆向调节作用；并且各间接税税种对于不同年龄段的居民均表现出不同程度的累退性，各税种共同作用构成了税收对家庭之间收入差距的反向作用。除此之外，抚养子女与赡养老人的责任基本上由成年子女承担，这无形中也增加了居民的照料负担。

改善民生、缩小贫富差距是未来很长一段时间政府需要解决的重大问题，而税收是政府调节收入分配的重要工具。增强税制的公平性是我国构建现代化财政体制的重点，本书认为应当主要从以下几个方面着手。首先，税制改革要逐步提高直接税比重，降低间接税比重。在经济转型的关键时期，稳步推进间接税征管体制以及内部结构的改革，在增量税收中降低间接税比重；完善个人所得税及房产税的征管以及立法，完善个人所得税的征税范围、税率以及征管力度，在增加高收入群体个人所得税负担的同时降低中低收入群体的个人所得税负担；积极探索房产税开征的方案与时机，将个人财产与税收负担相挂钩，促进社会公平正义。其次，税制改革考虑家庭抚养小孩与赡养老人费用的扣除。随着老龄化进程的加快与幼儿教育费用的上升，抚养小孩与赡养老年父母对中低收入者形成了巨大的经济压力，隐含在商品与服务中的间接税进一步增加了家庭的负担，间接税的征税方式与结构难以有效解决这一问题。本书认为应当在提高个人所得税等直接税比重的同时，随时间的推移动态地划定标准线，允许标准线以下的中低收入家庭用于抚养子女和赡养老人的费用在应纳税所得额中以绝对额或比例的形式扣除，增强税制的再分配效应和公平性，缩小社会收入差距。

# 5 个人所得税再分配效应分析

## 5.1 引言

自 1978 年改革开放以来，我国经济快速发展，大部分人口的福利状况得到改善，生活水平得到提高。但是，伴随着经济快速增长，我国居民收入差距在过去十年一直居高不下。根据国家统计局公布的数据，2003 年以来，全国居民收入基尼系数一直在 0.47 以上，2008 年达到 0.491，2009 年开始逐步回落，2016 年降为 0.465（图 5.1）。由于学术界质疑国家统计局的样本对高收入住户的代表性，并认为数据收集和估计方法可能存在偏差，部分学者对基尼系数进行了重新测算。李实、罗楚亮（2011）对收入差距估计中可能出现的偏差进行了调整，杨耀武、杨澄宇（2015）使用自助法构造基尼系数置信区间。学者们通过数据调整与估计方法改善得到的基尼系数与公布的数据有所偏差，但都远超过国际警戒线 0.4 的水平，收入不平等问题仍然严峻的客观事实没有改变。

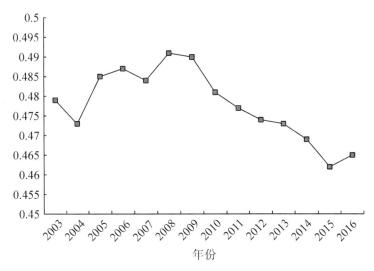

图 5.1　2003—2016 年中国居民收入基尼系数

资料来源：中国国家统计局。

　　"不患寡而患不均"，中国当下需要重视的或许不是绝对意义上的不均，而是在同一个年龄段上的相对不均。近年来，大量涌现的关于"富二代""官二代"和"星二代"高收入、高消费的报道之所以成为公众瞩目的焦点，就是因为在其他年轻人还在努力奋斗的时候，他们就享受到了远高于同龄人的物质条件。"不要让孩子输在起跑线上"这句话，从侧面表明家长不想让孩子在与同龄人的竞争中处于劣势。因此，研究中国社会中同龄人之间的收入差距，是对收入分配领域的一个有力补充。国家统计局和学术界对居民收入基尼系数的测算，是在居民收入分布抽样样本的基础上对总体的基尼系数进行估计，不考虑收入分布情况之外的其他因素。基于此，我们尝试构建基于年龄调整的基尼系数，测量同龄居民之间的收入差距。

　　以往的收入差距研究一般都以个人收入为基础单位。家庭在中国社会经济中扮演着重要角色，家庭成员会在衡量家庭福利水平的基础上选择个体行为模式。例如，受"男主外女主内"传统思想的影响，妻子为了丈夫的事业，会选择牺牲个人部分收入，将更多时间用于照料家庭。因此，我们还以家庭为单位度量家庭收入的不平等状况。

　　为了缩小收入差距，维护社会公平，政府在收入端的主要政策手段之一是征收累进性的个人所得税[①]。关于个人所得税制度设计、改革方向的研究，

---

　　① 中国缺少房产税、遗产与赠与税等调节收入存量的税种，增值税、消费税、营业税等间接税具有累退性，相比之下，个人所得税被赋予了调节收入分配的任务。

主要观点都是提高公平性与增强再分配功能（杨斌，2002；高培勇，2009；贾康、梁季，2010）。学术界关于个人所得税的研究，主要分为两个方向。第一个方向主要评估个人所得税对收入差距的调节作用。这类研究利用实际调查数据，研究税制设计、免征额变动的收入再分配效应（岳树民 等，2011；岳希明 等，2012；徐建炜 等，2013）。第二个方向集中研究个人所得税对个体行为决策、福利水平的影响。这类研究的方法主要是通过建立模型，依据中国数据校准模型参数来进行微观模拟。万相昱（2011）构建了一个带有行为反应的微观模拟模型，对个人所得税改革的政策反应进行灵敏度分析；许志伟等（2013）通过构建一个异质收入的一般均衡模型，定量评估了2011年工资薪金所得税的福利效应。这些关于个人所得税的最新研究表明，在不断推进个人所得税改革的过程中，评估个人所得税的再分配效应，是政府设计合宜的收入分配政策和制度的定量依据。

本部分运用2012年动态家庭调查数据（CFPS），在测度同龄人和家庭收入差距的基础上，评估个人所得税对个人和家庭收入的再分配效应，比较横向和纵向公平程度，进而探究造成税制收入调节功能过弱的根本原因和解决思路，为个人所得税税制改革提供政策建议。在已有文献的基础上，本部分有三点主要贡献。

第一，本部分测算了同龄人和家庭的收入差距。传统基尼系数测算出的收入不平等，部分是由个体年龄差异造成的，衡量的是整个样本的收入差距。如果我们按照个体年龄进行分组，分别测算基尼系数，得到每个年龄组的收入差距，就不能衡量总体的同龄收入差距。本部分运用最新的调整基尼（adjusted gini，AG）指数，不用对每个年龄段分别测算基尼系数，便能剔除年龄效应，评估同龄人之间的收入差距。考虑到家庭成员福利水平不仅受到家庭总收入的影响，还与家庭规模及人口结构相关，我们通过 EU、OECD 和 Luxembourg 等值规模调整的方法，对我国家庭收入差距进行准确测量。

第二，本部分利用微观调查数据估算了个人与家庭缴纳的个人所得税。传统文献主要利用《中国统计年鉴》和《中国价格及城镇居民家庭收支调查统计年鉴》中的家庭收入分组数据，个人所得税是以个人收入为计税依据，因此，以家庭收入分组数据为基础测算的税额存在严重偏误。利用微观住户数据研究个人所得税再分配的文献并不多，并且这些文献没有测算微观家庭的纳税额。本部分利用 CFPS2012 年个人收入分项数据，估算个人缴纳的税额，并通过 CFPS2012 年数据库匹配，计算家庭承担的个人所得税。

第三，本部分在测算个人所得税对个人和家庭的收入分配效应基础上，将社会保险费也纳入计算范畴。中国的社会保险实行统账结合制度。由于退休职工数量增速快、养老金涨幅高，个人账户接近空转，这意味着养老保险实质上变成了一种税收。失业、工伤和生育保险的情况与养老保险类似，变成具有特定目的的税收（聂日明，2015）。由于美国、英国等发达国家将社会保险缴费定义为社会保障税，我国学术界也曾提出将社会保险费改税的建议。为了便于和其他国家比较，我们在接下来的实证中将缴纳的社会保险费纳入计算范畴，综合考察其收入再分配效应①。

## 5.2　中国现行个人所得税制度分析

我国征收个人所得税的时间并不长。1980 年颁布的《中华人民共和国个人所得税法》和《中华人民共和国个人所得税法实施细则》，适用于在华的外籍人员。1986 年国务院颁布《中华人民共和国城乡个体工商户所得税暂行条例》，建立起全国统一的城乡个体工商户所得税制度，同年颁布的《中华人民共和国个人收入调节税暂行条例》对本国公民征收个人收入调节税。至此，我国形成了内外有别的个人所得税征收制度，个人所得税分散在三个税收法律中。

1994 年的全面税制改革合并了外籍人员个人所得税、本国公民个人收入调节税和城乡个体工商户所得税，形成了个人所得税的主体框架。修改后的个人所得税采取收入分类课征模式，对 11 项来源不同收入的费用扣除标准、税率以及征收方式等分别做出规定②。随着经济发展速度加快，居民收入不断增加，根据《中国统计年鉴》1993—2005 年的数据，城镇居民名义工资收入从 4 054 元增长到 14 664 元，12 年间增长了 2.6 倍。个人所得税的免征额和税率结构历经三次调整：2006 年工资薪金所得免征额提高至 1 600 元/月，个体工商户生产经营所得年免征额相应提高到 1.92 万元；2008 年工资薪金所得免征额提高至 2 000 元/月，个体工商户生产经营所得年免征额相应提高到 2.4 万元；2011 年工资薪金所得免征额提高至 3 500 元/月，税率累进结构由 9

①　将社会保险费视为"大口径"个人所得税，因为社会保险费的缴费基数与工资薪金税的税基类似，按照我国社会保险缴费基数的规定，参保的劳动者以本人上年度工资收入总额的月平均数作为本年度月缴费基数。

②　应纳个人所得税的 11 项收入为：工资薪金所得、个体工商户生产经营所得、企事业单位承包经营承租经营所得、劳务报酬所得、稿酬所得、特许权使用费所得、利息股息红利所得、财产租赁所得、财产转让所得、偶然所得、其他所得。

级缩减为 7 级，个体工商户生产经营所得年免征额相应提高到 4.2 万元①。

根据《中国统计年鉴》和《中国税务年鉴》数据，2000—2014 年个人所得税收入增长幅度连年大幅超国内生产总值和税收总收入增长幅度。2000—2005 年，个人所得税收入年均增长率达到 26.51%。由于 2006、2008 以及 2011 年启动了个人所得税体制改革，经过免征额的提升和税率累进结构的缩减，2006—2014 年个人所得税收入增长速度减缓，年均增长率降为 15.44%。图 5.2 显示，除 2011 年个税改革所造成的冲击外，个人所得税收入占国家生产总值和税收总收入的比重呈现逐年上升趋势。

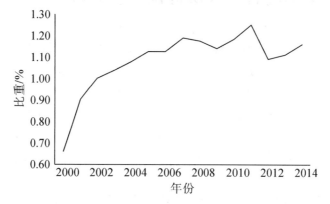

个人所得税收入占国内生产总值比重

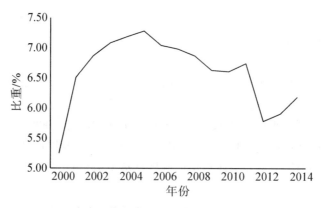

个人所得税收入占税收总收入比重

**图 5.2 2000—2014 年个人所得税占比**

资料来源：整理自《中国统计年鉴》和《中国税务年鉴》。

---

① 除对免征额以及税率结构做出调整外，2006 年国家税务总局出台了《个人所得税自行纳税申报办法（试行）》，调整了部分征纳方式，2007 年储蓄存款利息所得税税率由 20% 调减为 5%，2008 年起暂免征收储蓄存款利息所得税。

## 5.3 模型与测度方法

### 5.3.1 基于年龄调整的基尼系数

在实践中，基尼系数的点估计有两种方法：一是非参数方法，不考虑总体收入分布形式，直接计算样本数据基尼系数作为总体基尼系数的估计值；二是参数方法，先假设总体收入分布的概率密度函数，在此基础上，利用样本基尼系数估计总体基尼系数。通过微观数据和分组数据，可以对总体基尼系数进行点估计。通过《中国统计年鉴》和《中国住户调查年鉴》测算的基尼系数，是运用分组数据得到的。CFPS2012 是由北京大学发布的年度微观问卷调查数据，其调查对象是中国 25 个省（自治区、市）的家庭户以及样本家庭户的所有家庭成员，包括 1.6 万户家庭和 3.8 万多个个体。对于这种信息掌握得比较充分的微观数据，一般采用非参数的点估计方法计算基尼系数。

基尼系数最初由 Hirschman（1964）提出，可以通过如下公式计算：

$$G = \frac{1}{2N^2\mu} \sum_i \sum_j |w_i - w_j| \qquad (5.1)$$

其中，$N$ 是样本量，$\mu$ 代表样本收入均值，$w_i$ 与 $w_j$ 代表样本中的两两个体收入。从式（5.1）中可以看出，基尼系数通过某一时点或较短时间内收集的样本数据测算了收入差距，并没有考虑个体特征的差异，而是将不同特征的人放在同一个截面进行收入比较。根据生命周期消费理论，个人可支配收入和边际消费倾向取决于消费者的年龄。人力资本投资理论认为，个人工资收入与劳动生产率相关，随着经验年龄的增加，个人的劳动生产率也随之上升。由此可见，在某一时点调查得到的个人收入与其年龄息息相关，如果能将不平等指数中的年龄因素剔除，便能通过截面收入数据测算得到的不平等指标衡量同龄人的收入差距。Paglin（1975）最早提出了 PG 指数，用于分离出基尼系数中的年龄效应。PG 指数的计算公式如下：

$$PG = \frac{1}{2N^2\mu} \sum_i \sum_j (|w_i - w_j| - |\mu_i - \mu_j|) \qquad (5.2)$$

根据样本中个体的年龄进行分组，$\mu_i$ 与 $\mu_j$ 分别表示个体 $i$ 和 $j$ 所在年龄组的平均收入。利用基尼系数的分解公式，PG 指数可以重新表示为

$$PG = G - G_b = \sum_i \theta_i G_i + R \qquad (5.3)$$

其中，$G_b$ 代表将各个年龄分组的平均收入替换对应的组内个体实际收入测算的基尼系数，$G_i$ 代表各年龄组内按照实际收入测算的基尼系数。$\theta_i$ 表示各组

权重，由各年龄组的收入比重 $N_i\mu/N\mu$ 和人口比重 $N_i/N$（$N_i$ 为个体 $i$ 所在年龄分组的人数）相乘得到。$R$ 表示收入分配的组间重叠部分（Lambert & Aronson，1993）。Wertz（1979）在 PG 指数的基础上进行改进，提出了 WG 指数。WG 指数的计算公式如下：

$$\text{WG} = \frac{1}{2N^2\mu} \sum_i \sum_j |(w_i - \mu_i) - (w_j - \mu_j)| \tag{5.4}$$

从 PG 指数和 WG 指数的计算公式可知，$\mu_i$ 与 $\mu_j$ 是根据所属年龄分组直接计算的平均收入。因此，PG 指数和 WG 指数不仅消除了年龄造成的不平等，也将教育、健康、婚姻等与年龄相关的影响因素排除在外。鉴于此，Almas 和 Mogstad（2012）提出了基于年龄调整的基尼系数，即 AG 指数，将年龄因素与受年龄影响的其他因素分离开来，得到剔除了净年龄效应的基尼系数。

AG 指数的计算可分为三个步骤：第一，建立基于年龄调整的基尼系数一般化计算公式；第二，通过多元回归模型，在控制个体收入影响因素的前提下分离出净年龄效应；第三，计算基于年龄调整后的各组平均收入。假设样本量为 $N$，每位个体的收入特征用 $(w_i, \tilde{w}_i)$ 表示，其中，$w_i$ 表示个体实际收入，$\tilde{w}_i$ 表示个体整个生命周期内的收入平均值，用 $Y$ 表示收入的分布函数：

$$Y = [(w_1, \tilde{w}_1), (w_2, \tilde{w}_2), (w_3, \tilde{w}_3), \cdots, (w_n, \tilde{w}_n)] \tag{5.5}$$

在标准福利主义假设下，$Y$ 满足社会福利函数的 4 个条件，即比例不变性、匿名性、不平等性以及庇古-达尔顿原则（Cappelen & Tungodden，2007）。用 AG 指数测算 $Y$ 的基尼系数，计算公式为

$$\text{AG} = \frac{1}{2N^2\mu} \sum_i \sum_j |(w_i - \tilde{w}_i) - (w_j - \tilde{w}_j)| \tag{5.6}$$

接下来，我们分离不平等指数中的净年龄效应。假设个体 $i$ 的实际收入取决于其所在年龄组 $a_i$ 以及与个人年龄有联系的相关变量 $X_i$：

$$w_i = f(a_i)h(X_i) \tag{5.7}$$

$f$ 函数呈倒 U 形结构，在达到退休年龄前递增，越过退休年龄后递减。由于收入分布具有右偏性，对收入方程进行对数识别更具有优势因此对上式左右两边取对数：

$$\ln w_i = \ln f(a_i) + \ln h(X_i) = \delta_i + X_i'B \tag{5.8}$$

其中，$\delta_i$ 表示个体 $i$ 所在年龄组对不平等指标的贡献比例，式（5.8）用于估计年龄对收入的影响程度，并不是要测算出全部其他变量的收入贡献率。接下来估算 $\tilde{w}_i$，$\tilde{w}_i$ 取决于个体年龄以及决定其他个体收入的所有因素，计算公式为

$$\tilde{w}_i = \frac{\mu n \sum_j f(a_i)h(X_j)}{\sum_k \sum_j f(a_k)h(X_j)} = \frac{\mu n e^{\delta_i}}{\sum_k e^{\delta_k}} \tag{5.9}$$

$e^{\delta_k}$ 表示个体 $K$ 所属年龄组收入的净年龄效应，通过 $\tilde{w}_i$ 的估计值，测算出 AG 指数。从上述方法的比较中发现，AG 指数不仅克服了传统基尼系数对年龄效应的忽视，也弥补了 PG 指数和 WG 指数无法剔除年龄净效应的缺陷，更能充分反映收入分配中的不平等问题。

## 5.3.2 MT 指数、累进性以及横向纵向公平

测量收入再分配效应最常用的指标是 MT 指数：

$$MT = G_X - G_Y \tag{5.10}$$

其中，$G_X$ 为税前基尼系数，$G_Y$ 为税后基尼系数。MT 指数大于 0 时，说明税收具有再分配效应，降低了基尼系数；MT 指数小于 0 时，说明税收起到逆向调节作用，加剧了收入不平等。MT 指数衡量了税收的再分配效应，该指标不仅取决于个人所得税缴纳的绝对值，还与个人所得税的累进性相关。累进性指标决定税收是正向还是逆向调节再分配，税收缴纳的数量决定再分配效应的大小。累进性可以代表不同收入人群税收负担的相对差异，Kakwani（1977）提出了一种利用微观数据衡量累进性的 $K$ 指数：

$$K = C_T - G_X \tag{5.11}$$

其中，$C_T$ 是以税前收入排序的税收集中率。$K$ 指数为正时，说明个人所得税具有累进性，高收入群体负担了更多的税收；$K$ 指数为负时，说明个人所得税具有累退性，低收入群体承担了更多的税收；$K$ 指数为 0 时，说明个人所得税是一种比例税收，每个人承担的税负相等。通过构建 MT 指数与 $K$ 指数的联系，可以测算个人所得税的横向公平与纵向公平。计算公式如下：

$$MT = (C_Y - G_Y) + \frac{t}{1-t}K \tag{5.12}$$

其中，$C_Y$ 是按照税前收入排序的税后收入集中系数。$C_Y - G_Y$ 为横向公平衡量指标，该指标比较了税前收入排序与税后收入排序。税收的横向公平要求同样收入的个体负担相同的税收。如果横向公平原则遭到破坏，MT 指数减小，个人所得税的再分配效应就会减弱。

$tK/(1-t)$ 为纵向公平衡量指标，$t$ 为平均税率，即个人缴纳税收占总税收的比重。该指标由税收的累进性和平均税率共同决定。纵向公平原则要求收入高的人要相应承担较高的税负，从式（5.12）中可以看出，只有 $K>0$（累进性税收）时才能通过纵向公平效应缩小收入差距，并且 $K$ 的取值越大，在控制其他因素不变的情况下，MT 指数越大，税收调节收入分配的作用越明显。同样地，当累进性一定时，平均税率 $t$ 越大，MT 指数也越大，税收的收入再分配效应越强。

## 5.4 数据与指标

### 5.4.1 个人所得税测算

CFPS2012 分为成人库和家庭库，分别提供了个体与家庭的总收入及其构成信息。CFPS2012 没有调查个人缴纳的个人所得税，需要通过各项收入信息计算个人负担的个人所得税。数据库调查中与税法对应的应税收入有工资薪金所得、个体工商户生产经营所得（企事业单位承租经营所得）、财产租赁所得。

首先，通过成人库的工资收入测算个人所得税中缴纳的工资薪金所得税。工资薪金所得税实行按月代扣代缴的征纳方式，CFPS2012 显示的个人工资收入是按年计算的税后收入。假定计算工资薪金所得税的月工资收入额是年工资收入的月平均值，根据问题"把奖金等各种收入以及您刚刚所说的现金福利都算在内，过去一年您从这份工作中拿到多少税后收入？"，将年工资收入除以 12 得到月平均收入，再根据问题"您刚才告诉我的收入中扣除了上缴的保险金额吗？"以及"您个人每个月需要缴纳多少社会保险？"，扣除工资收入中不计税的社会保险费，调整为不含税的月工资收入[①]。应纳税所得额 =（不含税的月工资收入-3 500-速算扣除数）/（1-适用税率），应纳税额 =（应纳税所得额×税率-速算扣除数），最后得到个人的工资薪金所得税=应纳税额×12。该方法利用实际年工资收入除以 12 得到月工资收入，会降低工资收入中适用高边际税率的部分，导致这部分的税收负担被低估[②]。我们将样本中测算出的工资薪金所得税总额除以收入总额，得到 1.15% 的负担率，2012 年工资薪金所得税的总收入为 3 589.54 亿元，除以全国家庭总收入，得到 1.59% 的负担率。由此可见，根据 CFPS2012 测算出的工资薪金所得税确实被低估了，但是由于负担率差距不大，样本计算的税负偏误也不大。

其次，通过家庭库数据测算生产经营所得税和财产租赁所得税。问卷直接统计了个体或私营经济活动的年净收入，计算应纳税所得额 =（年净收入-42 000-速算扣除数）/（1-适用税率），再根据五级累进税率表计算个体工商户生产经营所得税。房屋出租通常按月进行，将家庭房产、土地和其他资产

① 税法规定企业和个人按照省级以上人民政府规定的比例提取并缴付的住房公积金、医疗保险金、基本养老保险金、失业保险金，不计入个人当期的工资、薪金所得，免征个人所得税。

② 我们通过一个例子来说明为何会低估税收。假设纳税人在 2012 年工作了两个月，总共获得7 000 元工资收入，第一个月为 2 000 元，第二个月为 5 000 元，根据税法规定，第二个月要缴纳个人所得税。如果按月平均收入计算，两个月工资分别为 3 500 元，没超过免征额 3 500 元，不用缴纳个人所得税。

年租金加总除以 12，扣除租赁过程中缴纳的营业税、房产税、转租租金、修缮费用和法定扣除标准，得到财产租赁收入应纳税额。修缮费用按 800 元上限计算，将出租的自用房屋和第一套其他房产视为出租的居民住房，按 10% 优惠税率计算，其他出租的房产按 20% 税率计算。

将以家庭为单位估算的生产经营所得税和财产租赁所得税匹配到成人库的个体中，个人分摊的生产经营所得税或财产租赁所得税＝所属家庭的生产经营所得税或财产租赁所得税/（家庭人口数量－家庭 14 周岁以下小孩数量－家庭 60 周岁以上老人数量）①。同时，我们将成人库计算得到的个人工资薪金所得税按照同一个家庭进行匹配加总，得到家庭缴纳的税收。虽然在家庭库调查了工资收入，已有的一些文献也利用过家庭工资收入测算工资薪金所得税，但是用家庭层面数据会造成对工资薪金所得税的高估。假设夫妻二人组成的家庭，月收入都为 3 000 元，由于没超过 3 500 元的免征额，不用缴纳个人所得税，但是汇总后为 6 000 元，按照 6 000 元计算就要缴纳个人所得税。因此，我们选择了个人缴纳的工资薪金所得税汇总的方法，估算家庭缴纳的部分。

一些学者在研究计算个人所得税时，只使用了城镇住户调查样本。实际上，个人所得税是按照收入来源征收，不是仅对城镇居民征收，只是城镇居民负担比重大于农村居民。例如，农村居民到企业工作，只要月工资超过 3 500 元，同样需要缴纳个人所得税。因此，我们同时保留了城镇和农村样本，剔除了个人收入和家庭收入缺失或者为零的样本，利用上述计算个人所得税的方法，得到了个人和家庭的税收数据。需要说明的是，关于个人所得税计算项，我们计算出的个人所得税与实际缴纳个人所得税相比，既有低估成分也有高估成分。低估的原因在于：第一，CFPS2012 中缺少劳务所得、稿酬所得等其他应税收入，这部分税收无法计算；第二，前文中已经提到，将年工资收入除以 12 得到的平均月工资计算工资薪金所得税，会低于实际纳税额。高估的原因在于：工薪阶层缴纳的个人所得税通常由发放工资的单位进行代扣代缴，大部分人并不清楚自己缴纳的税额，我们是根据居民收入倒推出税额，由于存在税收优惠和纳税筹划，居民实际承担的税负低于理论测算值，特别是对于纳税筹划能力更强的高收入群体而言。将样本中计算得到的个人所得税加总除以家庭总收入加总，得到 2.05% 的负担率，将《税务统计年鉴 2013》中的个税收入除以全国居民总收入，得到 2.57% 的负担率，两者

---

① 我们采用计算家庭的生产经营所得税和财产租赁所得税匹配到个人的方法，得到个人承担的这两部分税负，不利用成人库数据计算这两部分，主要有两个原因：第一，成人库中，关于个体经营收入的数据缺失严重；第二，财产租赁缴纳一次税收，如果按照成人库数据计算，同一家庭的多个人都汇报了财产租赁收入，分别计算会造成税负的高估。

差异不大。这说明样本计算的个人所得税虽然有一定的偏误，但误差并不大，不会影响个人所得税的再分配效应分析。

### 5.4.2　样本描述

　　表5.1显示了根据CFPS2012测算得到的个人所得税缴纳比重。全国居民样本有17 170个，其中6.17%的个人需要缴纳工资薪金所得税，缴纳个人所得税的比重为9.92%；城镇居民样本中，工资薪金所得税和个人所得税缴纳比重分别为8.68%和14.4%，高于农村居民样本的3.56%和5.25%。全国家庭样本有9 401个，10.25%的家庭缴纳了工资薪金所得税，13.8%的家庭缴纳了个人所得税；城镇家庭缴纳工资薪金所得税和个人所得税的比重仍然高于农村家庭，城镇家庭缴纳比重分别为14.3%和19.36%，农村家庭缴纳比重为6.06%和7.6%。

表5.1　个人所得税缴纳比重

| | 个体 | | | | | | 家庭 | | | | | |
|---|---|---|---|---|---|---|---|---|---|---|---|---|
| | 全国居民 | | 城镇居民 | | 农村居民 | | 全国家庭 | | 城镇家庭 | | 农村家庭 | |
| | 人数/人 | 比重/% | 人数/人 | 比重/% | 人数/人 | 比重/% | 户数/户 | 比重/% | 户数/户 | 比重/% | 户数/户 | 比重/% |
| 工资薪金所得税 | 1 060 | 6.17 | 761 | 8.68 | 299 | 3.56 | 964 | 10.25 | 684 | 14.30 | 280 | 6.06 |
| 个人所得税 | 1 703 | 9.92 | 1 262 | 14.40 | 441 | 5.25 | 1 277 | 13.58 | 926 | 19.36 | 351 | 7.60 |
| 总样本 | 17 170 | 100 | 8 766 | 100 | 8 404 | 100 | 9 401 | 100 | 4 783 | 100 | 4 618 | 100 |

资料来源：作者整理自CFPS2012。

　　表5.2汇报了个人与家庭样本的年龄相关变量。总收入与社会保险费直接来自CFPS2012原始数据，个人总收入均值为2.3万元，缴纳的社会保险费平均为694.05元，家庭总收入均值为4.88万元，社会保险费平均为1 289.1元。工资薪金所得税、生产经营所得税和财产租赁所得税按照上述方法计算，个人缴纳这三部分的税收平均值为338.85元、1 492.03元、29.24元，家庭样本对应的平均负担额为803.93元、5 178.33元、81.03元。考虑到家庭规模和结构的影响，我们通过等值规模调整，经过家庭EU调整、OECD调整、Luxembourg调整后的家庭人口数量分别为2.45人、3.05人、2.59人[①]。

---

　　①　关于EU、OECD、Luxembourg等值规模调整方法在上文中已进行了详细说明，这里不多过阐述。

表 5.2　个体与家庭样本的变量描述性统计

| | 变量名 | 均值 | 中位数 | 标准差 | 最小值 | 最大值 | 样本量 |
|---|---|---|---|---|---|---|---|
| 个体 | 2012 年个人总收入/元 | 23 035. 16 | 19 200 | 28 152. 97 | 1. 00 | 1 203 800 | 17 170 |
| | 社会保险费/元 | 694. 05 | 0. 00 | 3 582. 05 | 0. 00 | 270 323. 22 | 17 170 |
| | 工资薪金所得税/元 | 338. 85 | 0. 00 | 3 097. 70 | 0. 00 | 83 408. 97 | 10 064 |
| | 生产经营所得税/元 | 1 492. 03 | 0. 00 | 11 177. 78 | 0. 00 | 290 405. 19 | 1 061 |
| | 财产租赁所得税/元 | 29. 24 | 0. 00 | 293. 26 | 0. 00 | 14 474. 71 | 16 265 |
| | 年龄/岁 | 41. 35 | 41. 00 | 15. 62 | 16. 00 | 93. 00 | 17 170 |
| | 教育年限/年 | 8. 27 | 9. 00 | 4. 59 | 0. 00 | 22. 00 | 17 162 |
| | 婚姻状况 | 0. 89 | 1. 00 | 0. 44 | 0. 00 | 2. 00 | 11 937 |
| | 健康状况 | 2. 98 | 3. 00 | 1. 14 | 1. 00 | 5. 00 | 17 149 |
| | 生育状况 | 0. 53 | 1. 00 | 0. 50 | 0. 00 | 1. 00 | 17 170 |
| | 社会地位 | 2. 64 | 3. 00 | 0. 99 | 1. 00 | 5. 00 | 14 746 |
| | 家庭地位 | 2. 83 | 3. 00 | 0. 92 | 1. 00 | 5. 00 | 14 753 |
| 家庭 | 2012 年家庭总收入/元 | 48 806. 26 | 37 116 | 53 771. 92 | 1. 00 | 1 837 848 | 9 401 |
| | 缴纳社会保险费/元 | 1 289. 10 | 0. 00 | 5 137. 06 | 0. 00 | 270 323. 22 | 9 401 |
| | 工资薪金所得税/元 | 803. 93 | 0. 00 | 14 720. 45 | 0. 00 | 1 103 596 | 6 573 |
| | 生产经营所得税/元 | 5 178. 33 | 0. 00 | 32 946. 95 | 0. 00 | 580 810. 38 | 652 |
| | 财产租赁所得税/元 | 81. 03 | 0. 00 | 832. 86 | 0. 00 | 28 949. 42 | 9 203 |
| | 家庭总人口数量/人 | 4. 00 | 4. 00 | 1. 75 | 1. 00 | 17. 00 | 9 401 |
| | 0~14 周岁孩子数量/人 | 0. 24 | 0. 00 | 0. 56 | 0. 00 | 8. 00 | 9 393 |
| | 60 周岁以上老人数量/人 | 0. 23 | 0. 00 | 0. 85 | 0. 00 | 5. 00 | 9 393 |
| | EU 等值规模/人 | 2. 45 | 2. 50 | 0. 85 | 0. 90 | 8. 50 | 9 393 |
| | OECD 等值规模/人 | 3. 05 | 3. 10 | 1. 20 | 1. 00 | 11. 60 | 9 393 |
| | Luxembourg 等值规模/人 | 2. 59 | 2. 64 | 0. 79 | 1. 00 | 7. 27 | 9 401 |

注：婚姻状况中，0 为未婚，1 为在婚或同居，2 为离婚或丧偶；健康状况中，1 为非常健康，2 为很健康，3 为比较健康，4 为一般，5 为不健康；生育状况中，1 为有小孩，否则为 0；社会地位和家庭地位为 1~5 的有序变量，数值高代表社会或家庭地位高。

# 5.5　实证结果与分析

## 5.5.1　基于年龄和家庭等值规模调整的基尼系数

测算基于年龄调整的基尼系数，首先需要选取与个体年龄相关，又影响收入的年龄相关变量。借鉴 Almas 和 Mogstad（2012）变量的选取，我们选择了个人的受教育年限、婚姻状况、健康状况、生育状况、社会地位以及家庭地位作为年龄相关变量，利用模型（5.7）估算了年龄相关变量对收入的影响。表 5.3 汇报了收入决定方程的估计结果。年龄相关变量中，受教育年限对个体收入具有显著的正向影响，表明个人受教育程度越高，平均收入水平就越高。婚姻状况中，在婚或同居、离婚或丧偶两个虚拟变量都显著为正，这意味着经历过婚姻或同居的个体具有更高收入。健康状况对个体收入的影响显著为负，由于健康状况的衡量标准为有序变量，数值越高，健康状况越差，由此表明个人健康状况越差，收入也就越低。生育状况对个体收入具有显著的负向影响，表明家庭有小孩后，家长会将更多时间投入养育和辅导小孩，个人收入会相对下降。衡量社会地位和家庭地位的虚拟变量对个体收入无显著影响。因此，我们最终选择了对个体收入有影响的受教育年限、婚姻状况、健康状况、生育状况作为年龄相关变量。

表 5.3　收入决定方程估计结果

| 变量 | （1） | （2） | （3） | （4） | （5） | （6） |
|---|---|---|---|---|---|---|
| 年龄 | 0.009 9*** | 0.010 0*** | 0.011 8*** | 0.010 3*** | 0.011 2*** | 0.011 3*** |
|  | （0.000 6） | （0.000 8） | （0.000 8） | （0.000 9） | （0.000 9） | （0.000 9） |
| 受教育年限 | 0.083 7*** | 0.096 8*** | 0.095 9*** | 0.095 4*** | 0.097 1*** | 0.096 9*** |
|  | （0.002 1） | （0.002 4） | （0.002 4） | （0.002 4） | （0.002 5） | （0.002 5） |
| 在婚或同居 |  | 0.504 7*** | 0.515 0*** | 0.548 0*** | 0.568 4*** | 0.565 3*** |
|  |  | （0.041 8） | （0.041 8） | （0.042 6） | （0.044 0） | （0.044 0） |
| 离婚或丧偶 |  | 0.540 2*** | 0.553 7*** | 0.586 4*** | 0.614 6*** | 0.611 8*** |
|  |  | （0.064 7） | （0.064 5） | （0.065 0） | （0.066 0） | （0.066 2） |
| 健康状况 |  |  | -0.079 6*** | -0.079 9*** | -0.082 1*** | -0.082 1*** |
|  |  |  | （0.010 7） | （0.010 7） | （0.010 9） | （0.011 0） |
| 生育状况 |  |  |  | -0.088 9*** | -0.091 2*** | -0.092 0*** |
|  |  |  |  | （0.023 9） | （0.024 2） | （0.024 2） |

| 变量 | （1） | （2） | （3） | （4） | （5） | （6） |
|---|---|---|---|---|---|---|
| 社会地位 | | | | | −0.008 2 | −0.017 8 |
| | | | | | （0.011 6） | （0.013 8） |
| 家庭地位 | | | | | | 0.017 1 |
| | | | | | | （0.014 8） |
| 常数项 | 8.443 9*** | 7.803 7*** | 7.968 5*** | 8.057 0*** | 8.002 5*** | 7.981 8*** |
| | （0.036 4） | （0.051 8） | （0.055 2） | （0.059 5） | （0.066 5） | （0.070 5） |
| Adj-$R^2$ | 0.091 3 | 0.138 2 | 0.142 5 | 0.143 5 | 0.149 7 | 0.149 9 |
| 观测值 | 17 162 | 11 936 | 11 935 | 11 935 | 11 581 | 11 542 |

注：括号内为标准误，***、**和*分别表示在1%、5%和10%水平上显著。

计算基于年龄调整的基尼系数，选取的年龄相关变量不仅要能影响个体收入，还要与年龄相关。接下来，我们检验选取的教育年限、婚姻状况、健康状况、生育状况是否与年龄相关。按照 Almas 和 Mogstad（2012）提供的年龄分组方法，我们将样本分为七组，分别为25周岁以下、25~34周岁、35~44周岁、45~54周岁、55~64周岁、65~74周岁以及74周岁以上。此外，按照中国社会习惯的同龄人划分，我们提供了第二种年龄分组方法，分别为20周岁以下、20~29周岁、30~39周岁、40~49周岁、50~59周岁、60~69周岁以及69周岁以上[1]。表5.4汇报了年龄相关变量的估计结果，采用两种年龄分组方式，年龄对4个变量的影响都显著，说明这4个变量是适合的年龄相关变量。

表5.4　年龄相关变量的估计结果

| 变量 | 年龄分组一 | | | | 变量 | 年龄分组二 | | | |
|---|---|---|---|---|---|---|---|---|---|
| | （1） | （2） | （3） | （4） | | （5） | （6） | （7） | （8） |
| | 教育年限 | 健康状况 | 婚姻状况 | 生育状况 | | 教育年限 | 健康状况 | 婚姻状况 | 生育状况 |
| 25~34周岁 | 0.152 7* | 0.254 6*** | 0.706 6*** | −0.100 7*** | 20~29周岁 | 1.575 9*** | 0.204 8*** | 0.456 2*** | −0.295 6*** |
| | （0.090 6） | （0.025 3） | （0.012 3） | （0.012 1） | | （0.091 6） | （0.032 4） | （0.012 2） | （0.014 0） |
| 35~44周岁 | −2.158 0*** | 0.607 8*** | 0.930 6*** | 0.121 4*** | 30~39周岁 | −0.215 8** | 0.528 5*** | 0.970 9*** | −0.073 3*** |
| | （0.095 2） | （0.025 8） | （0.008 1） | （0.001 2） | | （0.105 6） | （0.034 0） | （0.006 3） | （0.014 0） |
| 45~54周岁 | −2.157 4*** | 0.813 8*** | 0.960 3*** | −0.203 0*** | 40~49周岁 | −1.447 2*** | 0.820 8*** | 1.017 5*** | −0.191 9*** |
| | （0.098 3） | （0.026 9） | （0.008 2） | （0.012 5） | | （0.100 1） | （0.033 3） | （0.004 8） | （0.014 0） |
| 55~64周岁 | −3.455 9*** | 1.058 4*** | 0.989 5*** | −0.364 5*** | 50~59周岁 | −1.604 2*** | 1.064 3*** | 1.049 7*** | −0.513 5*** |
| | （0.114 1） | （0.028 4） | （0.009 0） | （0.012 8） | | （0.119 2） | （0.035 7） | （0.006 3） | （0.014 8） |

5　个人所得税再分配效应分析

① 中国社会习惯将20、30、40、50、60、70周岁作为每一阶段生活的新起点，早在《论语》中便提到："三十而立，四十而不惑，五十而知天命，六十而耳顺，七十而从心所欲，不逾矩。"

| | 年龄分组一 | | | | | 年龄分组二 | | | |
|---|---|---|---|---|---|---|---|---|---|
| 65~74周岁 | -3.4358*** (0.1645) | 1.2608*** (0.0371) | 1.0229*** (0.0126) | -0.4097*** (0.0160) | 60~69周岁 | -2.7440*** (0.1409) | 1.2498*** (0.0395) | 1.0645*** (0.0083) | -0.5337*** (0.0164) |
| 74周岁以上 | -4.6406*** (0.2803) | 1.4128*** (0.0527) | 1.2048*** (0.0247) | -0.5198*** (0.0183) | 69周岁以上 | -3.0185*** (0.2134) | 1.4307*** (0.0461) | 1.2066*** (0.0170) | -0.6371*** (0.0180) |
| 常数项 | 9.8900*** (0.0574) | 2.3919*** (0.0181) | 0.0731*** (0.0069) | 0.6445*** (0.0088) | 常数项 | 8.8633*** (0.0696) | 2.3200*** (0.0282) | 0.0069** (0.0031) | 0.8005*** (0.0116) |
| Adj-R$^2$ | 0.0999 | 0.1275 | 0.5417 | 0.1343 | Adj-R$^2$ | 0.1011 | 0.1284 | 0.5071 | 0.1369 |
| 观测值 | 17 162 | 17 149 | 11 937 | 17 170 | 观测值 | 17 162 | 17 149 | 11 937 | 17 170 |

注：括号内为标准误，\*\*\*、\*\*和\*分别表示在1%、5%和10%水平上显著。

在对 CFPS2012 微观调查数据进行调整后，我们对个人收入和家庭收入的基尼系数进行点估计。表 5.5 的结果显示，全国居民收入的基尼系数为 0.454 1，城镇居民的基尼系数下降为 0.427 1，农村居民收入差距大于城镇居民，基尼系数为 0.473 3。WG 指数为剔除了年龄因素后的基尼系数（同时也剔除了与年龄相关的其他因素对个体收入的影响），全国、城镇、农村居民收入的 WG 指数均降低，分别为 0.443 5、0.420 1、0.454。按照第一种年龄分组方式（25 周岁以下、25~34 周岁、35~44 周岁、45~54 周岁、55~64 周岁、65~74 周岁以及 74 周岁以上），剔除年龄因素（保留教育、健康、婚姻、生育对收入的影响），AG（1）指数在全国、城镇、农村样本中相对于传统的基尼系数均有上升，分别为 0.473 9、0.44 44 和 0.477 6。按照第二种方式进行年龄分组（20 周岁以下、20~29 周岁、30~39 周岁、40~49 周岁、50~59 周岁、60~69 周岁以及 69 周岁以上），全国、城镇居民收入的 AG（2）指数相对于基尼系数也有上升，农村居民收入的 AG（2）指数略微下降为 0.466 7。总体而言，AG 指数大于传统的基尼系数，说明我国同一个年龄段的个体收入差距更大。

以家庭为单位，直接测算家庭收入差距，全国、农村、城镇样本的基尼系数分别为 0.439 6、0.439 9、0.427 4，城镇家庭的收入差距大于农村家庭。家庭收入经过 EU 和 OECD 等值规模调整后，相对于收入未经调整的基尼系数，全国和城镇样本的基尼系数均上升，农村样本的基尼系数下降。经过 Luxembourg 等值规模调整后，全国样本的基尼系数增加，城镇和农村样本的基尼系数下降。总体而言，以家庭为单位，对比个体收入测算的基尼系数，收入差距相对较小。

表 5.5　个体收入与家庭收入的基尼系数

| | 个体 | | | 家庭 | | | |
| --- | --- | --- | --- | --- | --- | --- | --- |
| | 全国居民 | 城镇居民 | 农村居民 | | 全国家庭 | 城镇家庭 | 农村家庭 |
| Gini | 0.454 1 | 0.427 1 | 0.473 3 | 未经调整 | 0.439 6 | 0.439 9 | 0.427 4 |
| WG | 0.443 5 | 0.420 1 | 0.454 0 | EU 等值规模 | 0.443 9 | 0.440 5 | 0.408 6 |
| AG（1） | 0.473 9 | 0.444 4 | 0.477 6 | OECD 等值规模 | 0.451 7 | 0.447 3 | 0.412 8 |
| AG（2） | 0.463 4 | 0.437 4 | 0.466 7 | Luxembourg 等值规模 | 0.442 0 | 0.439 0 | 0.408 6 |

## 5.5.2　个人所得税的再分配效应分析

表 5.6 列出了以个体为单位的个人所得税再分配结果。就全国而言，以 Gini 系数、WG 指数、AG（1）指数、AG（2）指数测算的个人所得税 MT 指数分别为 0.005 2、0.006 1、0.005 4 和 0.005 5[①]。个人所得税的再分配效应用 MT 指数的相对值（MT 指数/税前基尼系数）表示，四种算法的个税再分配效应分别约为 1.15%、1.38%、1.15%、1.18%。由此可见，个人所得税对缩小全国居民的个人收入差距有一定的正向调节作用，但是十分不明显，再分配效应微弱。个人所得税对城镇居民收入的再分配效应略强，但也只有 2% 左右。个人所得税对农村居民收入几乎没有再分配效应，原因主要有两点：一是农村居民收入达到缴纳个人所得税门槛的比重低；二是农村高收入居民数量远远低于城镇高收入居民。观察衡量税收累进性的 $K$ 指数，个人所得税具有较强的累进性，全国居民样本的 $K$ 指数为 0.412 8，城镇居民样本计算的 $K$ 指数为 0.431 7，大于农村居民样本的 0.351 6。

我们将个人缴纳的社会保险费纳入个人所得税体系进行考察，视为一种"大口径"个人所得税。我们发现，在"大口径"个人所得税下，全国、城镇和农村居民样本的 MT 指数均变大，"大口径"个人所得税的再分配效应得到加强。就全国而言，Gini 系数、WG 指数、AG（1）指数和 AG（2）指数测算的"大口径"个人所得税再分配效应分别约为 2.04%、2.28%、1.86%、1.85%。城镇居民样本的"大口径"个人所得税再分配效应增加到 3% 左右，农村居民样本的"大口径"个税再分配效应虽有所增长，达到 0.5% 左右，但

---

①　AG（1）和 AG（2）指数分别按照不同年龄分组计算，年龄分组划分与前文一致，AG（1）为 25 周岁以下、25~34 周岁、35~44 周岁、45~54 周岁、55~64 周岁、65~74 周岁以及 74 周岁以上，AG（2）为 20 周岁以下、20~29 周岁、30~39 周岁、40~49 周岁、50~59 周岁、60~69 周岁以及 69 周岁以上。

再分配作用仍然微弱。比较累进性 $K$ 指数，纳入社会保险费之后，$K$ 指数下降明显，全国、城镇和农村的"大口径"个人所得税 $K$ 指数分别为 0.25、0.239、0.205 5。

表5.6　个人所得税的再分配效应：以个体为单位

| | 个人所得税 | | | | 个人所得税与社会保险费 | | | |
|---|---|---|---|---|---|---|---|---|
| | Gini | WG | AG（1） | AG（2） | Gini | WG | AG（1） | AG（2） |
| 全国 | | | | | | | | |
| 税前基尼系数（$G_X$） | 0.459 4 | 0.449 6 | 0.479 3 | 0.468 9 | 0.463 4 | 0.453 6 | 0.482 7 | 0.472 0 |
| 税后基尼系数（$G_Y$） | 0.454 1 | 0.443 5 | 0.473 9 | 0.463 4 | 0.454 1 | 0.443 5 | 0.473 9 | 0.463 4 |
| MT 指数（MT） | 0.005 2 | 0.006 1 | 0.005 4 | 0.005 5 | 0.009 2 | 0.010 1 | 0.008 8 | 0.008 6 |
| 再分配效应/% | 1.152 9 | 1.375 0 | 1.148 1 | 1.177 2 | 2.036 2 | 2.280 0 | 1.862 4 | 1.854 6 |
| $K$ 指数（$K$） | 0.412 8 | — | — | — | 0.250 0 | — | — | — |
| 城镇 | | | | | | | | |
| 税前基尼系数（$G_X$） | 0.434 8 | 0.429 5 | 0.452 8 | 0.445 7 | 0.439 3 | 0.433 6 | 0.455 7 | 0.448 3 |
| 税后基尼系数（$G_Y$） | 0.427 1 | 0.420 1 | 0.444 4 | 0.437 4 | 0.427 1 | 0.420 1 | 0.444 4 | 0.437 4 |
| MT 指数（MT） | 0.007 7 | 0.009 4 | 0.008 4 | 0.008 3 | 0.012 2 | 0.013 5 | 0.011 4 | 0.010 9 |
| 再分配效应/% | 1.802 1 | 2.243 2 | 1.893 9 | 1.901 7 | 2.864 9 | 3.224 0 | 2.556 8 | 2.490 5 |
| $K$ 指数（$K$） | 0.431 7 | — | — | — | 0.239 0 | — | — | — |
| 农村 | | | | | | | | |
| 税前基尼系数（$G_X$） | 0.475 0 | 0.455 9 | 0.479 0 | 0.468 1 | 0.476 1 | 0.456 6 | 0.480 0 | 0.469 0 |
| 税后基尼系数（$G_Y$） | 0.473 3 | 0.454 0 | 0.477 6 | 0.466 7 | 0.473 3 | 0.454 0 | 0.477 6 | 0.466 7 |
| MT 指数（MT） | 0.001 7 | 0.001 9 | 0.001 3 | 0.001 4 | 0.002 8 | 0.002 7 | 0.002 4 | 0.002 3 |
| 再分配效应/% | 0.358 2 | 0.420 9 | 0.282 6 | 0.302 2 | 0.599 4 | 0.585 8 | 0.502 3 | 0.489 1 |
| $K$ 指数（$K$） | 0.351 6 | — | — | — | 0.205 5 | — | — | — |

表5.7列出了以家庭为单位的个人所得税再分配结果。就全国而言，MT指数为0.008 5，经过 EU、OECD 和 Luxembourg 等值规模调整后，MT 指数略微增长，分别为0.008 9、0.008 6、0.008 6。城镇家庭样本的 MT 指数仍然高于全国居民样本，农村家庭样本的 MT 指数最低，个人所得税对农民家庭收入的再分配效应最弱。

将家庭缴纳的社会保险费纳入个人所得税体系进行考察，我们发现，全国、城镇和农村家庭样本的 MT 指数均变大，"大口径"个人所得税再分配效应得到加强。就全国而言，未经调整和经过等值规模调整的"大口径"个人所得税再分配效应分别约为2.60%、2.85%、2.72%、2.77%。城镇家庭样本的"大口径"个人所得税再分配效应增加到3.2%左右；农村样本的"大口径"个人所得税再分配效应虽有所增长，达到0.8%左右，但再分配效用仍然微弱。比较累进性$K$指数，纳入社会保险费之后，$K$指数也下降明显，"大口径"个人所得税的累进性变弱。

表5.7　个人所得税的再分配效应：以家庭为单位

| | 个人所得税 | | | | 个人所得税与社会保障费 | | | |
|---|---|---|---|---|---|---|---|---|
| | 未经调整 | EU等值规模 | OECD等值规模 | Lux-embourg等值规模 | 未经调整 | EU等值规模 | OECD等值规模 | Lux-embourg等值规模 |
| 全国 | | | | | | | | |
| 税前基尼系数（$G_X$） | 0.448 1 | 0.452 7 | 0.460 3 | 0.450 6 | 0.451 0 | 0.456 5 | 0.464 0 | 0.454 2 |
| 税后基尼系数（$G_Y$） | 0.439 6 | 0.443 9 | 0.451 7 | 0.442 0 | 0.439 6 | 0.443 9 | 0.451 7 | 0.442 0 |
| MT指数（MT） | 0.008 5 | 0.008 9 | 0.008 6 | 0.008 6 | 0.011 4 | 0.012 7 | 0.012 3 | 0.012 2 |
| 再分配效应/% | 1.931 3 | 1.997 6 | 1.898 9 | 1.943 8 | 2.595 5 | 2.852 9 | 2.718 0 | 2.766 5 |
| $K$指数（$K$） | 0.453 7 | 0.455 2 | 0.445 8 | 0.454 7 | 0.279 4 | 0.293 8 | 0.286 7 | 0.290 2 |
| 城镇 | | | | | | | | |
| 税前基尼系数（$G_X$） | 0.452 2 | 0.452 5 | 0.458 8 | 0.450 6 | 0.454 7 | 0.455 0 | 0.461 0 | 0.453 0 |
| 税后基尼系数（$G_Y$） | 0.439 9 | 0.440 5 | 0.447 3 | 0.439 0 | 0.439 9 | 0.440 5 | 0.447 3 | 0.439 0 |
| MT指数（MT） | 0.012 3 | 0.012 0 | 0.011 5 | 0.011 7 | 0.014 8 | 0.014 5 | 0.013 7 | 0.014 0 |
| 再分配效应/% | 2.791 4 | 2.735 3 | 2.577 0 | 2.656 4 | 3.368 4 | 3.299 9 | 3.065 4 | 3.188 6 |
| $K$指数（$K$） | 0.447 3 | 0.448 2 | 0.438 8 | 0.446 8 | 0.252 8 | 0.252 7 | 0.243 9 | 0.249 1 |
| 农村 | | | | | | | | |
| 税前基尼系数（$G_X$） | 0.429 7 | 0.411 0 | 0.415 2 | 0.411 0 | 0.430 3 | 0.411 9 | 0.416 1 | 0.411 9 |
| 税后基尼系数（$G_Y$） | 0.427 4 | 0.408 6 | 0.412 8 | 0.408 6 | 0.427 4 | 0.408 6 | 0.412 8 | 0.408 6 |
| MT指数（MT） | 0.002 3 | 0.002 4 | 0.002 4 | 0.002 4 | 0.002 9 | 0.003 3 | 0.003 3 | 0.003 2 |
| 再分配效应/% | 0.539 9 | 0.592 3 | 0.571 2 | 0.590 3 | 0.670 9 | 0.801 1 | 0.788 3 | 0.795 2 |
| $K$指数（$K$） | 0.407 1 | 0.422 6 | 0.416 2 | 0.424 0 | 0.220 8 | 0.244 2 | 0.242 0 | 0.243 0 |

表5.8显示了MT指数分解为横向公平效应和纵向公平效应的结果。横向公平指标均为负数，表明个人所得税改变了按税前收入的排序，导致了横向不公平。这与个人所得税的分类征收方式有关，即使总收入相同，只要各项收入不同，缴纳的个人所得税就不会相同，造成个人所得税的横向不公平。

但是，该指标的绝对值很小，接近 0，说明横向不公平程度非常低。在全国、城镇和农村样本中，个人所得税对个体收入的横向公平效应指标绝对值小于对家庭收入的横向公平效应指标绝对值，后者大约为前者的两倍，这说明个人所得税对家庭收入的横向不公平更大。

纵向公平效应指标的测量值与 MT 指数很接近，这说明个人所得税的收入再分配效应大小主要取决于纵向公平效应的大小。纵向公平指标由累进性 $K$ 指数和平均有效税率构成，与两者成正比。Wagstaff 等（1999）对 12 个 OECD 国家的个人所得税再分配效应进行了测度，MT 指数最大为 0.045 2，最小为 0.015 4，均值为 0.032 4。Verbist（2004）发现 15 个欧盟国家税后基尼系数的下降幅度均超过 4%。由此可见，无论是只观察个人所得税的再分配效应指标，还是将社会保险费纳入个人所得税中衡量"大口径"个人所得税的收入再分配效应，我国个人所得税的再分配功能都不强。12 个 OECD 国家的个人所得税 $K$ 指数最高为 0.271 7，最低为 0.093 8。15 个欧盟国家的个人所得税 $K$ 指数最高为 0.477 4，最低为 0.156 2。我国个人所得税的 $K$ 指数在 0.4 左右，纳入社会保险费后 $K$ 指数在 0.25 左右，这说明我国个人所得税的累进性并不弱，平均税率过低是个税在调节收入分配上贡献不足的主要原因。

表 5.8　个人所得税的横向、纵向公平比较

| | 个体 | 家庭 | | | |
|---|---|---|---|---|---|
| | G | 未经调整 | EU 等值规模 | OECD 等值规模 | Luxembourg 等值规模 |
| 全国 | | | | | |
| 横向公平效应 | −0.000 475 | −0.000 806 | −0.000 765 | −0.000 764 | −0.000 783 |
| 纵向公平效应 | 0.005 710 | 0.009 296 | 0.009 631 | 0.009 342 | 0.009 375 |
| 城镇 | | | | | |
| 横向公平效应 | −0.000 664 | −0.001 127 | −0.001 123 | −0.001 136 | −0.001 150 |
| 纵向公平效应 | 0.008 361 | 0.013 407 | 0.013 172 | 0.012 663 | 0.012 811 |
| 农村 | | | | | |
| 横向公平效应 | −0.000 291 | −0.000 486 | −0.000 461 | −0.000 455 | −0.000 464 |
| 纵向公平效应 | 0.001 986 | 0.002 793 | 0.002 882 | 0.002 813 | 0.002 876 |

## 5.6 本章小结

作为衡量收入分配公平程度的重要指标之一，基尼系数的估计和发布日益成为公众和政府政策制定者关注的焦点。世界银行、中国国家统计局以及国内相关研究机构都对我国居民收入基尼系数进行了测算，估计值均超过收入差距国际警戒线0.4。基尼系数衡量了整个社会的收入差距，在此背景下，同龄人之间和家庭之间过大的收入差距更会激发公众对贫富分化和不公平现象的情绪，逐步演变为社会问题。税收手段是政府解决收入分配不公平的主要方式之一，而在整个税收系统中，个人所得税又是发挥税收调节收入再分配功能的主要制度安排。每年"两会"提及的个人所得税改革都是公众关注的热点话题。那么，如何有效实现个人所得税的再分配功能，是摆在决策层和学术界面前的一项重要课题。

本部分利用CFPS2012的微观调查数据测算了基于年龄调整和家庭等值规模调整的基尼系数，并通过收入构成信息估算个人和家庭缴纳的个人所得税，通过MT指数和K指数捕捉了个人所得税的收入再分配效应。实证结果表明：①平均而言，个人收入基尼系数为0.45，经过年龄调整后的基尼系数为0.47，同龄人之间的收入差距更大，家庭收入差距略微缩小，家庭收入经等值规模调整后的基尼系数约为0.44。②我国个人所得税的覆盖率并不高，9.92%的全国个体居民样本缴纳了个人所得税，在城镇和农村样本中的比重分别为14.4%和5.25%；纳入社会保险费后，13.8%的全国家庭样本缴纳了"大口径"个人所得税，城镇家庭缴纳比重仍然高于农村家庭，分别为19.36%和7.6%。③我国个人所得税的再分配效应不强，个人所得税对个体收入和家庭收入的再分配效应约为1.17%和1.9%，将社会保险费纳入后，"大口径"个人所得税对个体、家庭的收入再分配效应约为1.85%和2.7%。④与个人收入相比，个人所得税对家庭收入的横向不公平更大，个人所得税的累进性并不弱，平均税率过低是个人所得税在调节收入分配上贡献不足的主要原因。

改革个人所得税制度，政府应从以下方面进一步调整：第一，采用综合与分类相结合的征纳方式。综合所得税制是将个人不同来源的收入汇总，减去法律规定的扣除项目金额，根据最终得到的应纳税所得额进行征收。综合所得税制有利于实现个人所得税的横向公平，但是基于税收效率原则，现行的分类课征模式已比较成熟，不能完全放弃。首先我们采用分类综合所得课征模式，先对纳税人收入进行分类课征，其次对汇总收入进行综合计征，最后对分类课征金额按标准进行扣除。第二，以家庭为课税单位。在年终的综合计征环节，在充分考虑家庭成员的整体收支状况下，课税对象以家庭为单位，加强税收公平，更能体现我国的传统观念，也能有效减少纳税人通过分散转移以达到避税目的行为的发生。第三，合理确定费用扣除标准，设计基本费用扣除和专项费用扣除两部分。建立免征额标准与通货膨胀率挂钩的机制，考虑家庭规模与结构，根据家庭抚养、赡养和供养的亲属数量来调整专项费用扣除标准，比如对困难家庭或生育"二孩"家庭的生计支出项目增加一定额度的扣除。

# 6 企业所得税再分配效应分析

## 6.1 引言

关于企业所得税的归宿，学术界有两种看法。一种观点认为，企业所得税的税基是企业利润，所有税负由企业所有者承担；另一种观点认为，企业所得税是对资本要素课税，税负最终由企业所有者、劳动者和消费者共同承担。在企业所得税归宿的实证研究中，各类文献采用的税负转嫁假定不同，估算出的各方承担的税负也不同，测算结果严重依赖于税负转嫁假定。因此，本书的研究放弃了直接根据税负转嫁假定度量企业所得税归宿的努力，转而从企业避税的视角，间接衡量企业所得税的再分配效应。企业避税通过改变企业利润对不同企业的居民收入产生影响，同时导致企业内部高管与普通职工收入差距发生变化。处于经济社会转型时期的中国，人情至上的关系型社会合约形式在资源配置中扮演着重要角色，本书的研究选择市委书记更替这一"自然事件"切入，探讨地方政府换届和税收征管力度对企业避税的影响。

Tufte（1978）指出，经济政策、经济表现与政治息息相关，经济发展中的政府行为既可能发挥"扶助之手"的功能（Frye & Shleifer, 1997），又可能发挥"掠夺之手"的作用（Walder, 1996；Oi, 1992；Peng, 2001）。政治与经济的关系，特别是政府换届产生的经济影响一直是学者们研究的热点话题。大量的国外学者通过政治经济周期和政治预算周期模型，从理论与实证方面揭示两者的关系。最初的政治经济周期理论以选民的非理性和短视为假定前提，政治家为谋求连任在选举前采取扩张性政策拉动经济增长，进而影响失业率、产出、通货膨胀率等宏观经济变量（Nordhaus，1975；Lindbeck，1976）。随着理性预期理论在20世纪80年代的发展，政治经济周期理论摒弃了选民非理性假设，以选民和政治家的信息不对称性为前提条件，政府换届的研究视角从宏观经济指标变动转向政府财政政策扭曲效应。由于选民对政府政策的"短期记忆"，政治家会在选举前扩大公共品供给、实施低税政策，以彰显其执政能力，政策的扭曲使得选民在选举后承担高昂的成本（Rogoff & Sibert，1988；Rogoff，1990；Nelson，2000）。

与西方国家相比，中国的政治体制具有特殊性，以西方政治经济周期理论来研究中国问题并不合适。一方面，中国政府层级治理结构类似以区域"块块"原则为基础的 M 型组织（Qian & Xu，1993），各级政府权力构成几乎相同，地方政府掌握土地、矿产、信贷、基础建设等重要资源，对商业行为的行政审批和管制拥有较大的自由裁量权。另一方面，通过自上而下的人事管理制度和激励设计来周密完整地覆盖不同区域、部门和领域，确保科层制国家的一统性（Chen，2009）。在"下管一级"的人事制度安排下，上级政府对下级官员的人事任命具有绝对的权威，可以通过决定地方官员的晋升影响到政策制定。这使得我国地方政府换届带来的经济效应以及相应的理论基础、传导机制有别于国外研究。

对于中国问题的研究，学者们大多以党代会召开或官员更替作为地方政府换届的标志，主要从三个方面围绕其进行研究：第一是考察地方政府换届对地区宏观经济的影响，研究对象集中于经济增长、经济波动、资源配置和产业结构（张军 等，2007；王贤斌 等，2008；宋凌云 等，2012；周黎安 等，2013；杨海生 等，2014）；第二是研究地方政府换届的财政行为，考察党代会召开对省级财政支出规模和财政收入结构的影响（Tsai，2013；文雁兵，2014），官员任期对财政支出增长速度和财政支出结构的影响（Guo，2009；王贤彬 等，2013）；第三是考察地方政府换届的社会、政治效应，研究发现其对反腐败、地方环境污染和矿难发生次数均有显著影响（Nie，2013；梁平汉 等，2014；聂辉华和王梦琦，2014）；第四是将地方政府换届与企业微观活动联系起来，主要研究内容包括企业投资行为、慈善捐赠、研发支出、会计稳健性和城市商业银行贷款等（李维安 等，2012；曹春方，2013；徐业坤 等，2013；戴亦一 等，2014；何山、李后建，2014；雷光勇 等，2015）。

## 6.2 地方政府换届的微观经济效应分析

在本书前一部分研究的基础上，本部分尝试从微观角度考察地方政府换届对企业避税的影响①，以此为地方政府换届与企业微观行为之间存在作用机制提供新的证据。近年来，中国企业的税收规避问题非常严峻，2005 年反避税调查平均个案补税金额为 127 万元，反避税对税收贡献仅为 4.6 亿元；2013 年反避税调查平均个案补税金额达到 3 068 万元，增加税收 523 亿元，10 年间增长了 23 倍②。这一现象促使大量学者从公司治理能力、股东与管理层代理问题、公共压力和外部审计等视角研究企业避税的内在机理，但是缺少政府机制影响税收规避的实证研究（Hanlon et al.，2010）。中国地方官员的选拔与任命一般在党代会召开时进行，也可能因为个人身体健康问题、突发性事件、交流培养、上级政府施政意图转变等原因突然发生更替，地方政府换届的时间在一定程度上是不可预估的，对企业税收规避行为是一种外生事件冲击，能够解决计量中的反向因果关系问题，可以"干净地"识别政府机制对企业避税的影响。

　　本部分选择 2005—2013 年沪深两市 A 股上市公司共计 9 246 个样本，实证检验了地级市政府换届对企业避税的影响。之所以选取地级市政府而非省级政府衡量换届，主要有两个原因：第一，省级政府主要把握省域范围内的政治经济命脉，对辖区内企业税收行为的传导机制较长，以省级政府换届为视角存在较大的噪音；第二，Rogoff（1990）认为，一个国家内部地区之间的制度与文化习惯存在较大差异，选择国家最高层面的政府换届会带来结果偏误，中国幅员辽阔，人口众多，几乎每个省份的土地面积和人口数量都相当于一个中等规模国家，省域内经济发展水平、自然资源禀赋有较大差异。基于此，本书研究选择地级市政府换届。接下来的实证研究发现，政府换届会提高税务机关的税收征管力度，企业税收规避程度将会降低，这一影响可以通过官员政治晋升激励，企业政治关联失效和换届造成的政策、政治风险不确定传导，进一步研究发现，地方政府换届时降低税收规避程度的企业能在政府补助方面获得更多优惠。与以往研究相比，本部分的贡献主要在于：第一，从地方政府换届这一角度研究企业避税问题，既丰富了现有文献关于地方政府换届对企业微观行为影响的实证研究，又扩展了企业避税的宏观政治影响因素研究；第二，全面讨论了地方政府换届降低企业税收规避程度的内在机理。Chen 等（2015）和于文超等（2015）在研究官员更替与企业避税的

　　① 企业避税是指企业通过税收筹划活动对应纳税所得额进行向下调整，既包括合法和处于税法灰色地带的税收筹划活动，也包括非法的纳税筹划。Hanlon 等（2010）总结了相关实证研究中对于企业税收筹划的定义，避税（avoidance）、税收激进（aggressiveness）、逃税（evasion）、纳税不遵从（noncompliance）等五个概念经常是交替使用的，本部分并不区分。遵循已有文献，企业避税一般指企业所得税避税。

　　② 消息引自国家税务总局副局长张志勇在全国国际税收工作会议上的发言。

关系时，其理论假设只强调了干部考核机制或政企合谋。我们认为地方政府换届对企业避税的影响需要从晋升激励、政治关联与风险不确定三个方面进行解释，在政治关联失效与政治晋升激励驱动下，新任官员会加强税收征管力度，企业面对地方政府换届引发的政策、市场和政治风险不确定性时也会采取谨慎的避税行为。

根据当前研究的普遍共识，地方政府换届对企业微观行为的影响可以归纳为两种路径。第一种路径从地方政府换届时官员的行为视角进行解读，在新任官员政治晋升激励与企业政治关联失效的情况下，新一届政府会加强税收机关执法力度，企业面临强大外部税务稽查与审计的压力，被动减少避税行为；第二种路径从企业的行为视角进行阐述，地方政府换届时产生的政策与政治不确定风险，使得企业主动降低税收规避程度。地方政府换届影响企业避税的逻辑框架如图6.1所示。

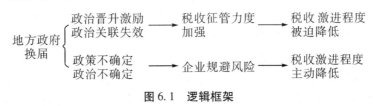

图 6.1　逻辑框架

### 6.2.1　政治晋升激励

经济分权与政治集权通常被视为促进中国经济快速发展的重要原因，改革开放后，中国在高度集权的基础上进行着政府间的放权，中央政府与地方政府存在着一种事实上的"行为联邦制"（郑永年，2013）。放权限制了中央政府对经济的控制，引入地方政府间的竞争，促使地方经济发展（Qian & Weingast，1997）。自1994年分税制改革以来，中国财政体制的分权特征逐步形成，在赋予地方官员一定的财政收入支配权的同时，也调动了地方政府在相对绩效标尺下进行竞争的积极性。在政府主导型发展模型下，以财政包干和分税制为特征的财政分权制度，使得地方官员能够整合其所能控制和影响的政治经济资源来推动本地经济的快速发展（林毅夫、刘志强，2000；张晏、龚六堂，2006）。

经济分权赋予了地方官员影响企业资源配置的能力，官员以政府干预的形式介入企业微观行为来追求政治目标，这通常是对上级政治激励的理性反应。中国政府在实际管理过程中采用逐级代理制——"行政逐级发包"的包干制（周黎安，2008），中央及各级政府根据属地管理的原则，将事权一揽子交付给下级政府，通过干部考核制度对下级政府官员进行考察①。干部考核制度向地方官员传达上级政府的政策优先性，地方官员根据上级政府传达的信息解读政治激励。改革开放后，官员升迁的主要考核标准从政治表现转向地方经济绩效。经济绩效显著影响官员晋升，各级政府存在着锦标赛般的晋升博弈，由于行政体制在省、市、县、乡（镇）不同层次上的同构性，下级政府相对于上级政府竞争更加激烈（Li & Zhou，2005；周黎安，2007）。在晋升锦标赛基础上，陶然等（2009）和张莉等（2011）认为1994年分税制改革后，无论资源禀赋是好还是不好，各地区都面临巨大的财政压力，表现为"上级请客，下级买单"，干部考核机制更强调地方政府化解财政危机的能力，同时也考察经济绩效和财政绩效作用，辖区内财政收入增长和税收上缴数额对官员晋升的影响大于经济增长（Bo，2002；Guo，2007）。

无论晋升锦标赛强调地区生产总值增长还是财政收入增长，都可以通过解读地方政府换届时的官员行为，得到地方政府换届会降低企业税收规避程度的结论。影响机制可以从前任离职与新官上任视角进行分析：对于前任官员，去向已定，缺少晋升激励去拉动经济增长，同时也丧失了增加财政收入的动机；"新官上任三把火"，新任官员有动力去获取更多的税收收入，一方面可以缓解当地的财政压力，在上级政府面前为将来可能的晋升加分，另一方面为基础设施建设等大规模财政支出提供财力支持，基础设施建设投资是政府拉动经济的主要手段，由于基础设施建设需要较长时间才能看到成果，官员任期有限，为在任期内就收获成果，官员会在上任早期增加财政收入。

## 6.2.2 政治关联失效

分税制改革后，税收收入增长速度连年大幅超国内生产总值增长速度，甚至在经济下滑与企业利润下降期间，企业所得税收入仍然保持平稳增长。高培勇（2005）和吕冰洋等（2011）认为出现这一现象的主要原因是税制中存在着很大的"征管空间"，税法和税收政策细则中存在着许多优惠政策，这些优惠政策的认定条件具有相当的弹性，"征管空间"的存在使得通过加强税收管理来促进税收增长成为可能。在税收征管过程中，税务机关具有一定的行政自由裁量权与执法灵活性，为保证税收任务平稳实现，税务机关可以在税源充足时将部分税收预留在企业，在税源不足时通过取消优惠政策等一系

---

① 中国的干部考核指标是一个非常复杂的系统，考核内容包括德、能、勤、绩、廉五个方面。中共中央组织部1979年颁布的《中共中央组织部关于实行干部考核制度的意见》首次提出了对政绩的考核，1998年中央制定的《县（市、区）党政领导干部年度工作考核方案（试行）》提出的考核内容为德、能、勤、绩，2002年颁布并沿用至今的《党政领导干部选拔任用工作条例》增加了对"廉"的考察。

列方式来增加税收，甚至预征部分税收，从而平滑每年税收（Deng & Luo，2011）。地方政府能够变通执行税赋征收权力，使得政治关联对企业税收行为产生影响。相关文献已证实拥有政治关联的企业能够获得税收优惠（吴文锋等，2009；李维安、徐业坤，2013；罗党论、魏翥，2012），关联企业被征管机构审计纳税报告的概率较低（Hunter & Nelson，1995；Young et al.，2001），其通过利用与政府的合法联系影响税务部门工作，以达到避税效果。

地方政府换届意味着企业旧有政治关联的失效。较长的官员任期会固化和加深地方人际关系网[①]，政府对企业的监管执法一定程度上会受到这种人情世故的制约，新官的上任会破解"人情网"和"关系网"，有效降低腐败与企业非法排污（Campante，2009；陈刚、李数，2012；梁平汉、高楠，2014）。即使企业股东或高管具备政府背景，或拥有人大代表、政协委员等政治身份，也很难在政府换届这一短暂的"空档期"内，利用自身资源快速建立起新的政治关系（戴亦一 等，2014）。企业避税可以被视为企业的一种风险投资行为，政治关联为企业提供了一种保险机制（Duchin & Sosyura，2012）。地方政府换届时，围绕前任官员的人际关系网已经断裂，新的人际关系网需要时间与成本投入，难以在短时间内形成，企业缺少地方政府在税收方面提供的保护与优惠，增强了被税务机关稽查和审计的风险，税收执法力度会提高企业财务报告质量准确性，减少企业的税收筹划活动（Desai et al.，2007），降低税收规避程度。

### 6.2.3　风险不确定性

地方政府换届带来的风险不确定性使得企业的经营环境不确定性增加，除了面对税收征管力度加强的外部压力外，企业为了防范风险也会主动调整税收策略。一方面，政府换届引起了政策不稳定，新任官员很可能实施不同的政策，政策的连续性不能得到保证。企业面临地方政府换届带来的税收政策与税收执行环境变动风险，企业避税策略很可能会失效。在晋升机制激励下，官员更替加剧了官员的短视行为，高投资、过度借贷等短视性政策行为会影响宏观经济稳定发展（杨海生 等，2014）。宏观经济波动加剧了企业对政策不稳定的预期，企业避税行为介于合理纳税筹划与非法逃税之间，进行纳税筹划的法律界限模糊，面对政策不稳定，税收规避对于企业而言，是一种冒险的投资行为。Wilson（2009）通过研究 14 家企业案例发现，避税失败

---

① 中央政府通过实施干部交流轮岗制度和《党政领导干部职务任期暂行规定》[党政领导干部在同一职位上连续任职达到两个任期（3 年为一个任期），不再推荐、提名或任命担任同一职务]，使得频繁更替制度化，缓解地方保护主义，削弱地方宗派主义，达到"流水不腐，户枢不蠹"的效果。

除了上缴应纳税额外，还会被税务机关处罚大约为预计避税收益40%的罚息。因此，出于规避政策风险的考虑，企业理性的选择是降低税收规避程度。

另一方面，地方政府换届时，政治气候发生变化，官员变更刺激企业形成政治不确定预期。Zimmerman（1983）首次将税收视为企业政治成本的一部分，减少税收缴纳额会损害其政治成本。出于对政治成本的考虑，企业会规避激进的纳税筹划（Dyreng，2014）。特别是在中国，地方政府在资源配置上具有更强的支配权，一旦企业在新任官员面前留下偷税漏税的印象，将更难获得政府在资源分配方面的支持。同时，如果企业涉及偷税漏税的消息传出，企业将会承担声誉成本，公司股票价格将会下跌（Hanlon et al.，2009）。增加税收缴纳额不仅会赢得新一届政府的信任与好感，还可以帮助企业与新任政府官员建立沟通桥梁。如果将企业通过政治捐赠、游说、慈善捐赠等方式建立政治关系来谋求政府利益反馈（Richter et al.，2009；戴亦一 等，2014），视为"明面"的政治献金，那么企业通过减少税收规避程度来增加纳税额就是一种"暗面"的政治公关策略（Chen et al.，2014）。因此，企业为规避换届时的政治风险，也会主动抑制税收规避行为。

## 6.3　研究设计

### 6.3.1　模型

我们以模型（6.1）来检验地方政府换届对税收征管力度的影响。

$$\text{te}_{i,t} = \beta_1 \text{turnover}_{i,t} + \beta_2 \text{tenure}_{i,t} + yX_{i,t} + \text{city}_i + \text{year}_t + \mu_{i,t} \quad (6.1)$$

模型（6.1）中的被解释变量为税收征管力度，在已有的文献中主要有两种衡量方法：第一是采用税收征管效率，以地区经济指标和税务机关对税收征管的投入指标为输入变量，以税收收入为输出变量，通过 DEA 或 SFA 技术测算效率，用技术效率和 Malmquist 指数衡量税收征管效率，吕冰洋和樊勇（2006）、王德祥和李建军（2011）均采用这种方法度量了税务部门征税和税务稽查的效率；第二种是采用税收努力指标，税收努力由地区实际税负与税收能力的比值来定义，税收能力是政府理论上的征税能力和纳税人的纳税能力，税收努力是政府运用税收能力的程度（吕冰洋和郭庆旺，2011；周黎安 等，2011）。在"行政发包制"与"晋升锦标制"的激励下，地方政府具有操纵税收收入的能力与动机，可以直接降低名义税率、实施区域间税收优惠政策，或者间接减轻税收征管力度。企业避税的政治关联效应一般通过税收优惠和税务机关放松税收稽查、审计力度来实现，税收努力恰恰体现了税务机关的主观税收执法力度，因此我们通过税收努力衡量地方政府的税收征管力度。本书借鉴已有文献的模型，计算地级市政府的税收征管力度：

$$\text{tax}_{i,t}/\text{gdp}_{i,t} = a_0 + a_1\text{pgdp}_{i,t} + a_2\text{open}_{i,t}/\text{gdp}_{i,t}$$
$$+ a_3\text{sector1}_{i,t}/\text{gdp}_{i,t} + a_4\text{sector2}_{i,t}/\text{gdp}_{i,t} + \mu_{i,t} \quad (6.2)$$

其中，tax 为地方政府的税收收入，pgdp 是按照消费者价格指数缩减为以 2005 年为基年的地区人均生产总值，open 是按当年汇率换算的地区进出口总额，sector1 和 sector2 分别是第一产业与第二产业产值。通过回归模型得到拟合值，即税收能力。税收征管力度 te 为实际税负与预计税负的比值，比值越大，表明地区的税收征管力度越强。

地方政府换届（turnover）是模型（6.1）中最重要的解释变量。曹春方（2013）发现以地方两会召开衡量的政府换届，显著性不如地方官员更替对微观企业的影响。因此，本部分以地方官员变更衡量事实上的政府换届。一般认为市长分管经济与社会发展，市委书记负责党务与人事组织安排，实际上在政府领导决策集中于党委的"一把手"负责制下，市委书记的行政权力往往大于市长，地方政治经济周期与微观企业行为更易受市委书记影响。与已有研究地方官员更替的文献相一致，本部分以市委书记的变更衡量政府换届的政治不确定性，借鉴张军等（2007）和王贤斌等（2008）对官员更替的匹配方法[①]：一是考虑市委书记经济政策的时滞性，在一定程度上缓解其任职经历的内生性；二是保证市委书记在任年数都是整数，并且同一地区在某一年只会有一位市委书记在任。

地方官员任期（tenure）以市委书记的任职时间长度来衡量，检验税收征管力度是否受地方官员稳定程度的影响。当然，官员层面只是影响税收征管力度的一个原因，地方经济、社会结构、财政制度与税收征管也有密切关系，本部分加入了地区人均生产总值与人口密度作为控制变量。在误差项的设定上，year 用于控制不随地区改变的时间维度的冲击，city 用于控制不随时间变化但影响税收征管的地理因素，如税务机关征税习惯等。

我们以模型（6.3）检验地方政府换届对企业避税的影响。

$$\text{avoidance}_{i,t} = \beta_1\text{turnover}_{i,t} + yX_{i,t} + \text{ind}_i + \text{city}_k + \text{year}_t + \mu_{i,t} \quad (6.3)$$

税收规避程度的衡量指标一般分为 6 类，没有统一的标准（Hanoln & He-

---

① 对于一年中 1~5 月上任的市委书记，将该年记为更替年份，赋值为 1；对于一年中 6~12 月上任的市委书记，将该年的下一年记为更替年份，赋值为 1；如果一个地区同一年多次发生市委书记更替，且任期均未超过 6 个月，则选取任期最长的官员作为当年在任官员。

itzman，2010）①。由于避税甄别指标和未确认税收指标并不适合中国税务机关管理与企业会计账务流程的实际情境②，同时为了实证结果的稳健，我们根据其他四类企业避税指标，并结合中国的具体实际选择了四种企业避税计算方法。

一是实际税率指标，相较于其他税种，我国企业一般通过规避企业所得税进行纳税筹划。连续 3 期的"金税工程"建设，使得增值税的管理更加规范严格；企业所得税的税基相较而言难以确定，为企业隐匿所得、减少纳税额提供了便利。因此，我们首先考虑以实际所得税税率衡量中国企业的税收规避行为。中国企业会因为产权、所属地、行业等不同，享受不同的税收优惠，从而造成名义税率不尽相同，2008 年的所得税改革也使得基准所得税税率发生变化。直接采用实际所得税税率会造成企业间避税程度的横向和纵向不可比。为了符合中国的具体实际，我们考虑了名义所得税税率的影响，即使用名义所得税税率减去实际所得税税率来衡量企业的税收规避程度（rate）③。

二是长期实际税率指标，一般采取多期实际税率的平均值来刻画企业避税。由于存在税收返还、税收滞纳金，税务会计与财务会计存在时间差异，使用当期的实际税率衡量企业避税并不恰当，因此需要将实际税率平滑，消除单个年份实际税率的非正常波动。采用长期实际税率指标的文献设定的平滑周期一般至少为 3 年。借鉴这一思想，我们采用"名义所得税税率与实际所得税税率之差"的三年平均值（lrate）作为长期实际税率指标。

三是会计-税收差异指标，选择 btd 衡量企业税收规避程度，btd =（税前会计利润-应纳税所得额）/期末总资产，应纳税所得额 =（所得税费用-递延所得税费用）/名义所得税税率。Miller（1998）和 Wilson（2009）发现 btd 越大，越有可能被税务部门审计。Chan 等（2010）发现中国上市公司的 btd

---

① Hanoln 和 Heitzman（2010）将企业避税的衡量指标总结为 6 类，分别是实际税率（effective tax rate measures）、长期实际税率（long-run effective tax rates）、会计-税收差异（book-tax differences）、避税任意波动（discretionary or "abnormal" measures of tax avoidance）、未确认税收（unrecognized tax benefits）、避税甄别（tax shelter firms）。

② 国外研究将新闻媒体报道的企业避税消息和税务机关披露的避税企业作为避税甄别的衡量方法，由于识别出的避税企业是通过报道或税务机关甄别进行选择，有可能遗漏其他进行避税活动的企业，存在样本选择性偏差。对于未确认税收指标，国外会计准则与税收政策与中国不一样，因此利用中国公司的财务数据难以准确衡量。

③ 现有文献提供了四种计算实际所得税税率的方法（Hanlon & Heitzman，2010），包括：ETR1 = 所得税费用/税前会计利润；ETR2 = 所得税费用/（税前会计利润-递延所得税费用/名义所得税税率）；ETR3 =（所得税费用-递延所得税费用）/税前会计利润；ETR4 =（所得税费用-递延所得税费用）/（税前会计利润-递延所得税费用/名义所得税税率）。刘行等（2014）利用中国企业数据得到的这四种指标的相关系数均在 1% 的置信水平显著，并且差异不大，本部分研究对象是企业避税，为避免指标过于繁琐，选择第一种方法计算得到的实际所得税税率。

与税务部门出具的税务审计调整显著正相关。因此，btd 在中国是适用的。

四是避税任意波动指标，采用 Desai 和 Dharmapala（2006）的方法，使用 btd 中不能被总应计解释的那部分（ddbtd）来衡量。具体计算方法为：①$btd_{i,t}$ =$atacc_{i,t}$+$\mu_i$+$\varepsilon_{i,t}$；②$ddbtd_{i,t}$=$\mu_i$+$\varepsilon_{i,t}$。总应计 tacc =（净利润-经营活动产生的净现金流）/总资产，ddbtd 为残差项。李维安等（2013）和刘行等（2013）都利用过 ddbtd 衡量中国上市公司的税收规避行为。

地方政府换届（turnover）的衡量指标不变，仍为市委书记更替。根据已有研究（江轩宇，2013；李维安 等，2013），本部分选择资产收益率（roa）、托宾 Q（tobin）、企业规模（size）、管理费用率（mfee）、自由现金流（fcf）、资产负债率（lev）为控制变量。资产收益率为净利润与总资产之比；托宾 Q 为股权价值、总负债之和与总资产之比；企业规模为总资产的自然对数；管理费用率为管理费用与主营业务收入之比；自由现金流为经营活动产生的净现金流量与总资产之比；资产负债率为总负债与总资产之比。本部分用 ind 控制了公司行业，制造业按二级代码分为 9 组，其余按证监会行业分类指引分组，剔除金融业，共有 21 个行业分组。city 用于控制影响企业避税的地理因素，如地区税收文化、企业纳税遵从习惯等。year 控制了时间冲击，一是控制名义上政府换届（两会召开）的影响，二是各年宏观经济环境（宏观经济波动、政府宏观政策）差异的影响。

### 6.3.2 样本

本部分的初始样本为 2005—2013 年所有 A 股上市公司。选择 2005 年作为研究起点，主要有两点考虑：第一，在计算避税指标 lreal 时，需要公司往前两年的财务数据，2005 年的 lreal 计算需要延伸至 2003 年，从 2002 年开始征管政策发生变化，"先征后返"政策取消，中央和地方开始实行对所得税收入的分成，2002 年为五五分成，2003 年后，中央与地方分成比例为 60% 和 40%，这一比例一直沿用至今，为了防止税收政策变动对结论的影响，本书研究采用的数据从 2003 年开始；第二，本部分实证模型需要的地级市经济数据从 2005 年才开始披露。在初始样本的基础上，进一步筛选：①剔除税前会计利润小于等于 0 的样本；②剔除四种方法计算出的实际所得税税率小于零和大于 1 的样本，本部分只选择了用第一种实际所得税税率计算税收规避程度，其余三种实际所得税税率小于零或大于 1，说明其中的样本也出现异常，一并剔除防止对结论产生影响；③剔除金融类上市公司；④剔除前后两年公司注册地发生变更的样本；⑤剔除其他变量存在数据缺失的观察值。经筛选后，最终可用的有 9 236 个上市公司样本。另外，为了剔除异常值的影响，本书的研究对模型中的所有连续变量在1%和99%的水平上进行缩尾处理。

本部分所使用的财务数据来自 CSMAR 数据库,名义所得税税率来自 Wind 数据库,产权性质的数据来自 CCER 数据库。市委书记数据通过人工整理,履历资料源于中国各地副省级、地级市领导资料库,以及人民网、新华网、百度百科网站,地区经济数据主要源于《中国城市统计年鉴》《中国区域经济统计年鉴》。

### 6.3.3 描述性统计

表 6.1 列示了变量的描述性统计结果。四个企业避税指标的中位数均为正,说明样本公司的避税行为是一种普遍现象。地方政府换届的均值为 0.229,说明样本中 22.9% 的上市公司将受到官员变更的影响。《党政领导干部职务任期暂行规定》要求,除特殊原因外,官员应当任满一个任期,任职 3 年以上计算一个任期。官员任期的均值与中位数分别为 3.35 和 3,说明大部分官员任满了一个任期。税收征管力度的中位数大于 1,说明在分税制的税收分权激励下,税务机关具有加强税收征收管理的强烈动机,这也从侧面反映了征税机构管理因素对税收超高速增长的影响。

**表 6.1 主要变量的描述性统计说明**

| 变量 | 观测值 | 平均值 | 标准差 | 最小值 | 最大值 | 中位数 |
|---|---|---|---|---|---|---|
| rate | 9 236 | 0.011 | 0.091 | −0.374 | 0.306 | 0.004 |
| lrate | 5 163 | 0.009 | 0.072 | −0.249 | 0.246 | 0.004 |
| btd | 9 236 | 0.011 | 0.037 | −0.127 | 0.129 | 0.011 |
| ddbtd | 9 236 | −0.001 | 0.083 | −0.277 | 0.209 | 0.006 |
| turnover | 9 236 | 0.229 | 0.420 | 0 | 1 | 0 |
| tenure | 9 236 | 3.35 | 20.19 | 1 | 11 | 3 |
| te | 7 718 | 1.10 | 0.414 | 0.433 | 2.291 | 1.008 |
| roa | 9 236 | 0.061 | 0.043 | 0.002 | 0.236 | 0.052 |
| tobin | 9 236 | 1.818 | 1.075 | 0.518 | 6.803 | 1.470 |
| size | 9 236 | 21.637 | 1.206 | 19.112 | 25.266 | 21.474 |
| mfee | 9 236 | 0.086 | 0.068 | 0.008 | 0.464 | 0.071 |
| fcf | 9 236 | 0.054 | 0.081 | −0.196 | 0.282 | 0.054 |
| lev | 9 236 | 0.421 | 0.211 | 0.041 | 0.934 | 0.423 |

表 6.2 汇报了主要变量的皮尔逊相关系数（pearson correlation coefficient, PCC）。四个企业避税指标两两之间的相关系数均在 1% 的置信水平显著为正，且相关系数均为正，说明四个指标从不同维度反映税收规避程度是合理的。虽然地方政府换届与企业避税负相关，但没有表现出不显著性。地方政府换届与税收征管力度显著正相关，表明新一届政府相较于上一届政府，会显著加强税收执法力度。税收征管力度与税收规避程度显著负相关，表明地区税收征管力度越强，企业的税收规避程度越低。上述发现为本部分研究提供了直观数据，更准确的结论仍需通过计量模型来检验。

表 6.2　主要相关变量的皮尔逊相关系数

| 变量 | rate | lrate | btd | ddbtd | turnover | tenure | te |
|---|---|---|---|---|---|---|---|
| rate | 1 | | | | | | |
| lrate | 0.788*** | 1 | | | | | |
| btd | 0.457*** | 0.375*** | 1 | | | | |
| ddbtd | 0.132*** | 0.120*** | 0.373*** | 1 | | | |
| turnover | −0.011 | −0.017 | −0.006 | −0.004 | 1 | | |
| tenure | −0.001 | −0.009 | −0.002 | −0.041*** | −0.587*** | 1 | |
| te | −0.026** | −0.042*** | −0.058*** | −0.030** | 0.120*** | −0.228*** | 1 |

注：***、**、*分别表示在 1%、5% 和 10% 水平下显著。

## 6.4　实证结果与分析

### 6.4.1　地方政府换届与税收征管

为保证结果的稳健，我们还根据税收征管强度的大小设置了哑变量 te_dum，将每年各地区 te 进行排序，如果某地区当年 te 大于中位数，则 te_dum 赋值为 1，反之则为 0。地方政府换届对税收征管的影响的回归结果如表 6.3 所示，由第（1）、第（3）列可见，无论是连续变量 te 还是哑变量 te_dum，地方政府换届均与税收征管显著正相关，说明新任官员普遍都会加强税收征管。地方政府换届后，新任官员具有尽快做出成绩的激情与动力，为了树立与前任不同的执政风格，提高治下行政人员办事效率与加强行政机构执法力度是快速改善地区政治风貌的方法。地方税务机关通过加强税收征管力度，来回应地区一把手的执政要求，并以此表明对新任官员的支持。同时，为了保证新一届政府在拉动经济增长、加大基础设施建设等方略上具有充足的财力支撑，新任官员一般都会首先着眼于税务部门的税收征纳工作，一来预防因官员变更而可能导致的税收收入急剧减少，二来通过增加税收收入来进行财力储备。在模型中加入官员任期长度后，由第（2）、第（4）列可知，地方政府换届对税收征管的影响效果不变。以第（2）部分的回归结果为例，turnover 的回归系数为 0.113，说明在地方政府换届的当年，税收征管强度提高了 11.3 个百分点，税收征管强度平均提高了 10.3%（=0.113/1.1×100%）。

将官员任期的 2 次方多项式代入模型，我们发现，官员在任期内的税收征管力度呈现倒 U 形变动。新任官员一开始便有意加强税务部门的征管强度，但可能由于刚刚到任或升迁，不熟悉辖区内实际情况，或者面临新的政治经济形势，需要了解与处理的问题千头万绪，工作才刚刚开展，因此征管强度提高的幅度并不会太大。随着官员管理工作逐步进入轨道，税收征管力度会加强。但是随着任期持续增加，税收征管力度将会下降。由第（2）列官员任期的回归系数可知，税收征管与官员任期的倒 U 形曲线在 4.32［=0.116/（2×0.013 4）］到达拐点，表明税收征管力度在官员的第四个任期后开始下降。这似乎意味着官员干满一个任期后，如果仍未晋升，工作热情将会减弱，做出成绩的期望会降低。税务机关的征管强度与执法力度在最初受新任官员施政作风影响而加强后，慢慢回到常态，行政机构的"惰政"惯性又重新体现出来。

表 6.3 地方政府换届对税收征管的影响

| 变量 | te | | te_ dum | |
|------|------|------|------|------|
| | （1） | （2） | （3） | （4） |
| turnover | 0.009 45* | 0.113*** | 0.091 2*** | 0.069 4*** |
| | (1.94) | (14.46) | (11.91) | (5.37) |
| pop | 0.155*** | 0.184*** | 0.158*** | 0.164*** |
| | (5.56) | (7.09) | (3.49) | (3.71) |
| pgdp | −0.069 7*** | −0.077 8*** | −0.046 3*** | −0.052 8*** |
| | (−16.71) | (−19.96) | (−10.46) | (−12.17) |
| tenure | | 0.116*** | | 0.147*** |
| | | (23.82) | | (18.15) |
| $tenure^2$ | | −0.013 4*** | | −0.014 9*** |
| | | (−29.41) | | (−19.43) |
| _ cons | 1.742*** | 1.659*** | 0.738*** | 0.534*** |
| | (62.29) | (57.70) | (19.39) | (12.95) |
| city | yes | yes | yes | yes |
| year | yes | yes | yes | yes |

| 变量 | te | | te_ dum | |
|---|---|---|---|---|
| | （1） | （2） | （3） | （4） |
| $N$ | 7 853 | 7 853 | 7 853 | 7 853 |
| Adj-R$^2$ | 0.229 | 0.331 | 0.212 | 0.323 |

注：$^{***}$、$^{**}$、$^*$分别表示在1%、5%和10%水平下显著，表内括号汇报了 t 值。

### 6.4.2　地方政府换届与企业避税

地方政府换届对企业避税的影响的回归结果如表 6.4 所示，地方政府换届（turnover）对企业避税的四个指标具有显著的负向影响。以表 6.4 第（1）列的回归结果为例，地区一把手发生人事变更，企业税收规避程度平均减少23.64%（=0.002 6/0.011×100%），企业微观税收行为受到政府干预和政治周期的影响程度比较大。

控制变量的结果与现有文献基本一致（罗党论 等，2012；李维安 等，2013；江宇轩，2013）：企业盈利能力越强、自由现金流越多，企业越有能力进行纳税筹划，获得税收抵扣、减免、往返等税收好处，故 roa、fcf 与企业税收规避程度正相关；企业成长性越高，资金需求越强，避税动机越强，故 tobin 与企业税收规避程度显著正相关；企业规模（size）的系数并不都表现出显著性，但是符号均为负，这可能与税收征管机构的税务管理行为方式有关，税务机关为保证税源以及减少征税成本，在实际税收征纳中往往采取"抓大放小"的策略，通过成立大企业税务管理部门对重点税源进行监控，故企业规模越大，监管力度越强；企业寻求与政府建立关联需要投入成本，成本一般记入企业管理费用，管理费用率（mfee）越高，企业越可能通过建立政治关联获得税收好处，故 mfee 与企业税收规避程度显著正相关；企业负债（lev）的系数不全显著，但均为正值，说明企业负债率越高，企业越会通过寻求避税来获益。

表 6.4　地方政府换届对企业避税的影响

| 变量 | rate | lrate | btd | ddbtd |
|---|---|---|---|---|
| | （1） | （2） | （3） | （4） |
| turnover | -0.002 61$^{**}$<br>（-2.26） | -0.002 24$^{**}$<br>（-2.25） | -0.002 37$^{**}$<br>（-2.34） | -0.005 3$^*$<br>（-1.89） |

| 变量 | rate | lrate | btd | ddbtd |
|---|---|---|---|---|
| | （1） | （2） | （3） | （4） |
| roa | 0.545 * * * | 0.401 * * * | 0.300 * * * | 0.659 * * * |
| | （18.86） | （12.70） | （30.76） | （61.71） |
| tobin | 0.002 99 * * | 0.003 78 * * * | 0.000 763 * | 0.001 09 * * |
| | （2.38） | （3.05） | （1.80） | （2.36） |
| size | −0.001 17 | −0.000 456 | −0.002 22 * * * | −0.002 58 * * * |
| | （−0.87） | （−0.28） | （−4.85） | （−5.20） |
| mfee | 0.092 5 * * * | 0.021 5 | 0.015 4 * * | 0.026 8 * * * |
| | （4.98） | （0.92） | （2.45） | （3.92） |
| fcf | 0.036 8 * * * | 0.001 46 | 0.003 93 | 0.985 * * * |
| | （2.80） | （0.12） | （0.89） | （20.04） |
| lev | 0.025 5 * * * | 0.001 99 | 0.010 1 * * * | 0.015 3 * * * |
| | （3.71） | （0.24） | （4.37） | （6.07） |
| _ cons | −0.016 3 | −0.006 75 | 0.029 5 * * * | 0.024 8 * * |
| | （−0.56） | （−0.19） | （2.97） | （2.30） |
| ind/city | yes | yes | yes | yes |
| year | yes | yes | yes | yes |
| N | 9 236 | 5 163 | 9 236 | 9 236 |
| Adj−R$^2$ | 0.239 | 0.241 | 0.232 | 0.324 |

注：* * *、* *、* 分别表示在1%、5%和10%水平下显著，表内括号汇报了 t 值。

### 6.4.3　地方政府换届影响避税的官员逻辑

表 6.4 的结论与 Chen 等（2015）、于文超等（2015）发现的官员更替减弱企业避税活动的结论类似。Chen 等（2015）将研究视角集中于新任官员，其内在机理是干部考核制度下新任官员增加地区财政收入的晋升激励机制。于文超等（2015）认为是前任官员的离任，打破了企业与政府间原有的关联，企业难以在短时间内重新建立起"人情关系网"而获得税收好处。由于地方政府换届意味着新任官员到任与前任官员离任同时发生，表 6.4 的结果不能将企业税收规避程度降低的原因明确归因于某一种因素，因此，从地方政府换届影响企业避税的官员逻辑入手，到底是政治关联理论还是晋升锦标赛理论在起作用，亦或是两者兼而有之，我们相应进一步检验。

检验晋升锦标赛理论对企业避税的解释，我们从新任官员的年龄和政府财政压力两个维度来进行。官员年龄是影响升迁的关键因素，在 5 年为一个任期和副部级以下官员 60 岁退休的干部管理制度下，55 岁是能否再获得晋升的关键门槛。样本中，官员年龄的中位数正好为 55，我们认为 55 岁以下官员是具有年龄优势的样本，55 岁以上是具有年龄劣势的样本。表 6.5 第（1）、第（2）列显示，具有年龄优势的新任官员与企业税收规避程度显著负相关，在具有年龄劣势的样本组，地方政府换届的系数不显著，说明具有晋升年龄优势的新任官员将会抑制企业避税行为。我们将政府财政压力指数定义为财政赤字率 ［＝（财政支出－财政收入）/财政收入］，根据财政赤字率的中位数将样本划分为财政压力小与财政压力大两组。新任官员在面临较大财政压力时，为获得晋升加分，会进一步加强税收执法力度，以缓解地方财政压力。表 6.5 第（3）、第（4）列显示，财政压力大的地区，官员人事变更对企业避税存在显著负向影响，在财政压力小的地区观测不到相应效应。表 6.5 第（1）～（4）列证明，新任官员的晋升激励是地方政府换届影响企业避税的内在机理。

表 6.5　政治关联、晋升激励与企业避税[①]

| 变量 | 官员任职年龄 | | 政府财政压力 | | 企业产权性质 | | 官员地区偏好 | |
|---|---|---|---|---|---|---|---|---|
| | 年龄劣势 | 年龄优势 | 财政压力小 | 财政压力大 | 国有企业 | 民营企业 | 地区偏好强 | 地区偏好弱 |
| | （1） | （2） | （3） | （4） | （5） | （6） | （7） | （8） |
| turnover | -0.001 67<br>(-1.52) | -0.001 67*<br>(-1.92) | -0.001 36<br>(-0.41) | -0.002 39*<br>(-1.98) | -0.002 8<br>(-1.34) | -0.002 74***<br>(-2.51) | -0.002 55<br>(-1.01) | -0.001 87***<br>(-2.85) |
| roa | 0.664***<br>(41.31) | 0.675***<br>(37.73) | 0.655***<br>(17.92) | 0.655***<br>(57.81) | 0.476***<br>(-16.31) | 0.380***<br>(11.55) | 0.470***<br>(-16.69) | 0.367***<br>(11.54) |
| tobin | 0.001 38**<br>(2.01) | 0.001 34*<br>(1.85) | 0.000 14<br>(0.1) | 0.000 966*<br>(1.94) | 0.003 36***<br>(2.72) | 0.003 53***<br>(2.85) | 0.003 45***<br>(2.91) | 0.003 55***<br>(2.97) |
| size | -0.002 88***<br>(-3.93) | -0.002 38***<br>(-3.09) | -0.006 11***<br>(-3.84) | -0.002 27***<br>(-4.49) | -0.000 72<br>(-0.47) | -0.000 74<br>(-0.42) | -0.000 559<br>(-0.4) | -0.001 05<br>(-0.65) |
| mfee | 0.026 8**<br>(2.51) | 0.040 2***<br>(3.56) | 0.017 2<br>(0.7) | 0.026 6***<br>(3.77) | 0.091 0***<br>(4.57) | 0.071 9***<br>(2.91) | 0.100***<br>(5.22) | 0.010 4<br>(0.44) |
| fcf | 0.995***<br>(133.19) | 0.976***<br>(116.09) | 1.003***<br>(59.78) | 0.981***<br>(190.23) | 0.039 1***<br>(2.86) | 0.002 2**<br>(2.17) | 0.036 0**<br>(2.73) | 0.006 22<br>(0.49) |
| lev | 0.018 6***<br>(4.97) | 0.015 3***<br>(3.63) | 0.027 2***<br>(3.06) | 0.014 1***<br>(5.42) | 0.016 5**<br>(2.26) | 0.003 33<br>(0.38) | 0.019 4***<br>(2.78) | 0.006 66<br>(0.79) |

① 企业避税的四个指标 rate、lrate、btd 和 ddbtd 高度相关，无论采用何种方法衡量，所得回归结果显著性一致。

| 变量 | 官员任职年龄 | | 政府财政压力 | | 企业产权性质 | | 官员地区偏好 | |
|---|---|---|---|---|---|---|---|---|
| | 年龄劣势 | 年龄优势 | 财政压力小 | 财政压力大 | 国有企业 | 民营企业 | 地区偏好强 | 地区偏好弱 |
| | (1) | (2) | (3) | (4) | (5) | (6) | (7) | (8) |
| _cons | −0.056 5 (−1.42) | 0.020 6 (−1.23) | 0.099 2*** (−2.61) | 0.018 8* (−1.71) | −0.023 8 (−0.71) | −0.002 88 (−0.08) | −0.057 0* (−1.89) | 0.002 98 (−0.09) |
| ind/city | yes | yes | yes | yes | yes | yes | yes | yes |
| year | yes | yes | yes | yes | yes | yes | yes | yes |
| N | 457 6 | 464 1 | 459 8 | 461 6 | 446 9 | 430 3 | 410 1 | 513 2 |
| Adj-R² | 0.299 | 0.241 | 0.232 | 0.224 | 0.239 | 0.241 | 0.262 | 0.294 |

注：＊＊＊、＊＊、＊分别表示在1%、5%和10%水平下显著，表内括号汇报了t值。

衡量地方政府换届减少企业避税的政治关联因素，我们首先通过企业产权来考察。中国的国有企业治理结构恰如是政府运行模式的翻版，在强调完善公司治理的同时，强化党的领导。国有企业的经营目标更为多元，除了追求利润，还承担着吸纳就业、提供某些混合公平品等类似政府的职能。国有企业管理层有着与政府干部类似的行政级别设置，国企高管与政府官员的职业路径也有重合之处，某些政府官员可能拥有国企工作经历，国企高管由政府任命，一些国企高管也可能从政府部门调任而来。因此，国有企业具有与政府的天然联系，民营企业更需要通过维系好与地方政府特别是官员的关系来维持生存和长期发展，这与罗党论等（2012）、李维安等（2013）、徐业坤等（2013）的研究一致。地方政府换届使旧有的政治关联被打破，意味着对民营企业冲击更大，民营企业更需要时间与成本去建立新的关系网络，如果政治关联是解释地方政府换届影响企业避税的传导机制，那么与国有企业相比，民营企业在官员变更时更易产生税收规避行为。我们将样本按照企业产权分为国有企业与民营企业，从表6.5第（5）、第（6）列可以发现，地方政府换届显著影响民营企业税收规避程度，对国有企业避税的影响不显著，表明地方政府换届时企业税收规避程度减少部分是因为政治关联被打破。

表6.5第（5）、第（6）证明了旧有政治关联的打破抑制了企业避税行为，为了保证政治关联理论解释的合理性，还需要验证新的政治关联是否也会影响企业避税行为，我们通过新任官员地区偏好来进行考察。官员会因为籍贯、出生地、任职经历等对某些地区或群体进行资源分配上的倾斜，比如国际援助资金分配、教育资源投入、财政转移支付分配等（Franck & Rainer, 2012; Hodler & Raschky, 2014; 范子英, 2014）。新任官员的地区偏好会通过

两个渠道影响当地企业的税收规避程度，一方面是新任官员对家乡有感情，会照顾家乡企业；另一方面是新任官员由本地升迁，与当地企业打过交道，已经存在人情关系。新任官员的地区偏好强，那么即使原有政治关联随着政府换届被打破，新的政治关联也会立马发挥替代效应。我们按照新任官员的籍贯、出生地、任职经历等将样本进行细分，将地区偏好定义到地级市，只要新任官员籍贯、出生地是该地级市，或者是本地升迁，都将该地区划分为地区偏好强的样本组，其余划分为地区偏好弱的样本组。表6.5第（7）、第（8）列显示，新任官员地区偏好弱时，政府换届会显著影响企业税收规避程度，在新任官员地区偏好强的地区观测不到这种效应，说明新有的政治关联建立为企业税收规避行为带来了一定保护。表6.5的第（5）～（8）列从新旧政治关联两个方面验证了政治关联对企业避税的政治周期效应的解释。

### 6.4.4　地方政府换届影响避税的企业逻辑

政治关联与晋升锦标赛理论从官员层面解释了地方政府换届为何会影响企业避税，通过表6.3的回归结果可知，传导机制是官员更替加强了税务机关的税收征管力度，我们将税务机关执法力度视为企业避税行为改变的外部压力，接下来检验地方政府换届引发的风险不确定性造成的企业税收规避抑制效应。表6.6的第（1）、第（2）列加入了税收征管力度这一解释变量，税收征管力度与企业避税显著负相关，在我们控制了税收征管力度后，地方政府换届仍然显著降低企业税收规避程度，说明地方政府换届不仅通过税收征管影响企业税收规避行为，企业面对其导致的风险不确定性时也会采取相对保守的纳税筹划。

为了保证政府换届的风险不确定性引发企业自身抑制避税活动的结果稳健，我们引入企业代理问题来进一步验证。代理冲突也是影响企业税收规避程度的重要因素（Chen et al.，2005；Crocker et al.，2005；Desai et al.，2006）。在企业所有权与经营权分离的情况下，管理层与所有者的利益不一致，对于企业税收规避行为，风险中立的股东会考虑以避税的形式增加公司长期价值，而管理层在这一过程中伺机利用复杂不透明的避税交易实施自利行为。因此，如果企业税收规避受到地方政府换届衍生的政策与市场不确定性的影响，那么代理冲突小的企业会采取更加保守的避税活动。我们以企业经理与董事长是否为同一人作为衡量代理冲突的变量，二职合一意味着企业代理冲突小，赋值addition为1，否则为0。表6.6的第（3）、第（4）列显示，地方政府换届与二职合一的交互项（addition×turnover）显著负向影响税收规避程度，说明代理问题不严重的企业会在官员变更时采取更谨慎的税收规避行为，这验证了企业避税行为受到地方政府换届时的政策与市场不确定性的影响。

表 6.6　风险不确定性与企业避税

| 变量 | lrate | ddbtd | lrate | ddbtd |
|---|---|---|---|---|
| | （1） | （2） | （3） | （4） |
| turnover | -0.002 39*** | -0.001 68*** | -0.002 7*** | -0.001 37*** |
| | （-2.24） | （-2.25） | （-2.22） | （-2.25） |
| te | -0.002 74*** | -0.001 6*** | | |
| | （-2.57） | （-2.37） | | |
| addition×turnover | | | -0.003 83*** | -0.004 01*** |
| | | | （-2.68） | （-2.23） |
| addition | | | -0.002 17*** | -0.002 58*** |
| | | | （-4.77） | （-3.47） |
| roa | 0.370*** | -0.668*** | 0.393*** | 0.615*** |
| | （11.11） | （53.74） | （10.47） | （38.89） |
| tobin | 0.003 62*** | 0.001 07** | 0.003 50** | 0.000 405 |
| | （2.86） | （2.02） | （2.39） | （0.58） |
| size | -0.000 76 | -0.002 86*** | -0.002 14 | -0.003 68*** |
| | （-0.43） | （-4.94） | （-1.07） | （-4.77） |
| mfee | 0.018 1 | 0.029 5*** | 0.014 1 | 0.025 0** |
| | （-0.72） | （-3.55） | （-0.49） | （-2.52） |
| fcf | 0.004 83 | 0.986*** | 0.014 7 | 0.996*** |
| | （0.37） | （16.9） | （1.01） | （140.17） |
| lev | 0.005 18 | 0.017 5*** | 0.016 7 | 0.025 5*** |
| | （0.58） | （5.89） | （1.63） | （6.52） |
| _ cons | 0.000 404 | 0.029 0** | 0.012 5 | 0.040 7** |
| | （0.01） | （2.3） | （0.29） | （2.39） |
| ind/ city | yes | yes | yes | yes |
| year | yes | yes | yes | yes |
| N | 426 8 | 771 8 | 356 5 | 665 6 |
| Adj-R$^2$ | 0.214 | 0.279 | 0.241 | 0.272 |

注：***、**、*分别表示在1%、5%和10%水平下显著，表内括号汇报了 t 值。

## 6.4.5　稳健性检验

为进一步保证本部分实证结果的可靠性，我们进行了以下几个方面的稳健性检验，总体上没有改变原有的研究结论。

（1）我国于 2007 年执行新的《企业会计准则》，2008 年执行新的《中华人民共和国企业所得税法》，企业避税指标可能受到政策变迁的影响。我们将样本分为2005—2007年和2008—2013年两组，两组样本中地方政府换届这一变量仍然显著负向影响税收规避程度。

（2）稳健性检验剔除企业注册地为直辖市（北京、天津、上海、重庆）的样本。4个直辖市的行政级别属于省一级，直辖市官员任命的组织程序与地级市不一样，包含直辖市的样本观测值可能会导致研究结果的偏差。剔除位于直辖市的企业样本后，地方政府换届仍会抑制企业避税行为。

（3）人为改变地方政府换届的年份构建一种反事实。如果本部分的研究结论是稳健的，那么基于这种反事实则观察不到地方政府换届对企业避税的影响。人为改变地方政府换届的年份有两种类型：一是人为提前换届年份，二是人为推迟换届年份。由于官员平均任期为3年，人为提前和推迟换届年份不能过多。基于此，稳健性检验将换届年份前置一年和后置一年，发现企业税收规避程度没发生显著改变，因此本部分研究结论依然成立。

# 6.5　进一步讨论

前文的分析已经证实地方政府换届会降低企业税收规避程度，造成这一现象的主要原因有两个，一是在政治关联失效与政治晋升激励驱动下，新任官员加强税收征管力度，二是企业在面对地方政府换届引发的政策、市场和政治风险不确定性时会采取谨慎的避税行为。为缓解政治风险不确定性的消极影响，企业增加纳税额，帮助新任官员应对财政压力，建立与新任官员的政治关系，以期获得政府采购合同、融资、补助、职务或政治地位。考虑到数据的可获得性，我们通过企业的政府补助来衡量税收规避程度的降低是否能够为企业建立政治关系并有助于企业获得政府资源分配上的政策倾斜，在Chen等（2015）的基础上设计如下计量模型：

$$\Delta subsidy_{i,t+1} = \beta_0 + \beta_1 turnover_{i,t} + \beta_2 avoidance_{i,t} +$$

$$\beta_3 turnover_{i,t} \times avoidance_{i,t} + yX_{i,t} + ind_i + city_k + year_t + \mu_{i,t} \quad (6.4)$$

$\Delta subsidy$ 是下一年企业政府补助变化额的自然对数，turnover与avoidance跟前文一致，表示地方政府换届和税收规避程度，控制变量的选取与模型（6.2）相同。由于2007年新的《企业会计准则》才要求企业披露政府补助，2005—2007年出现大量缺失值，因此我们将样本观测值时间控制在2008—2013年。表6.7的回归结果显示，企业避税和地方政府换届的交互项显著影响企业的政府补助，说明地方政府换届时，企业支付更多的税收能够在接下来的政府资源分配竞争中获得优势。

表6.7　企业避税程度降低的政治回报效应

|  | （1） | （2） |
|---|---|---|
| turnover×lrate | 0.891*<br>（1.74） |  |
| turnover×ddbtd |  | 0.839*<br>（1.76） |
| turnover | 0.093 5<br>（0.72） | 0.029 9<br>（0.34） |
| lrate | 0.883<br>（0.81） |  |
| ddbtd |  | 1.746<br>（0.87） |
| _cons | 1.831**<br>（2.15） | 1.928**<br>（2.04） |
| control | yes | yes |
| ind/city | yes | yes |
| year | yes | yes |
| $N$ | 100 1 | 194 7 |
| $R^2$ | 0.023 4 | 0.028 7 |

注：***、**、*分别表示在1%、5%和10%水平下显著，表内括号汇报了t值。

# 6.6　本章小结

企业所得税作为政府，特别是地方政府税收收入来源的一个重要方面，不仅会直接影响政府与企业之间的收入分配关系，还会间接使企业内部高管与普通员工之间产生不同的薪酬分配方式。在转型期的中国，政治关联在政府公共资源配置中扮演着重要角色，并影响着企业所得税的再分配形式。

本部分从以市委书记变更衡量的地方政府换届角度入手，采用2005—2013年沪深两市非金融业上市公司的数据，探讨了地方政府换届对企业避税的影响。地方政府换届会提高税收征管力度11.3个百分点，税收征管与官员任期呈倒U形关系，在官员的第四个任期到达拐点。在换届当年，企业税收规避程度显著降低，这既是税务机关加大税收执法力度的结果，也是企业面对风险不确定性时的纳税筹划主动调整行为，其影响机制包括官员政治晋升激励、企业政治关联失效和风险不确定性：①通过官员年龄与政府财政压力两个维度验证企业避税的政治晋升激励影响，在干部考核机制下，新任官员为快速拉动经济增长和缓解地方财政压力，有动力去增加税收收入；②从企业产权与新任官员地区偏好两个视角验证避税的政治关联效应，政府与企业建立的政企关系网有利于企业的纳税筹划，政府换届导致旧的政治关系破裂，抑制了企业税收规避行为；③地方政府换届会引发政策与政治不确定风险，企业也会因此而采取相对保守的纳税筹划。

在上述研究的基础上，本书进一步考察了地方政府换届时企业税收规避程度降低的政治回报效应，发现企业在政府换届当年增加纳税额能够在下一年获得更多的政府补助，这说明企业在接下来的政府资源分配竞争中获得优势。

本部分的研究启示：一方面，政府行为对税务机关的征管力度具有"操纵空间"，既可能在财政紧张时征收过头税，也可能因为企业的政治关联而忽视其税收规避行为，为降低政府干预对税收征管活动的扭曲，关键是完善税收征管制度，减少人为因素对其造成的干扰；另一方面，正如政府换届会影响企业避税，政府治理与政企关系是理解中国经济与企业行为的关键，企业在考虑选择进入地区与投资、纳税筹划、盈余管理等微观活动时，需要衡量该地区的政府治理能力和政治风险不确定性的影响。

# 7 研究结论、政策建议与研究展望

## 7.1 研究结论

本书在分析中国居民收入不平等现状的基础上，系统评估了中国社会经济制度背景下税收系统的再分配效应及传导机制，并剖析了现阶段税收制度再分配功能弱化的制度性根源。主要结论如下：

第一，中国的居民收入不平等状况严重。居民收入差距持续扩大，城乡、行业间的收入分配结构扭曲。无论是城乡之间，还是城镇和农村内部，居民收入差距居高不下，农村内部收入分配不平等程度高于城镇。流动人口收入增长缓慢，60%的流动人口在城市进行个体经营，流动人口从业人数最多的行业为批发和零售贸易、餐饮业。行业之间的收入差距继续扩大，垄断行业收入水平过高，农林牧渔业一直是平均收入最低的行业。在企业内部，高管与普通员工的薪酬差距不断扩大，主要是由高管薪酬的上涨所致。贫困问题依然严峻，农村的贫困状况比城镇更严重。

第二，中国社会经济转型表现出发展格局不平衡、经济分权政治集权、属地化行政管理传统，以及人情至上的关系型社会合约履行模式等特征，形成了弱化税收再分配功能的外部制度环境。收入分配体制改革贯穿于改革开放的全过程，但在遏制收入差距扩大的趋势方面收效甚微。税收政策以财政收入和经济效率为优先考虑目标，实施再分配功能的税收技术手段不足。转型期中国特殊的社会经济结构与税收制度缺陷成为政府间财力失衡、税收洼地、税收资源配置失效等问题的制度性根源，直接或间接地影响税收再分配功能的发挥。

第三，中国的税收制度以间接税为主体，强调财政收入和经济效率，使得整个税收系统发挥调节收入分配差距的作用日益减弱。本书第4章基于家庭微观调查数据，以投入产出模型和家庭消费分类细项，测算了家庭承担的间接税负担，在此基础上利用 EU、OECD 以及 Luxembourg 等值规模调整衡量家庭规模与结构的系数，计算了间接税的累进性指数和家庭收入再分配效应，并捕捉了家庭内部不同年龄段个体分别承担的间接税税负。增值税、消费税和营业税的 $K$ 指数均为负数，表明这三个税种都具有累退性，使得整个间接税制度呈现累退性，低收入家庭的间接税负担率远大于高收入家庭的间接税负担率。虽然间接税扩大了我国居民的收入差距，但负向效应并不大，利用 MT 指数测算发现，间接税使得居民收入基尼系数上升了 1% 左右。间接税在代内分配表现出不平等，18 周岁以下小孩的间接税负担是 18~60 周岁成年人的 40% 左右，60 周岁以上老人的间接税负担接近成年人的 60%。

第四，中国居民收入不平等是以基尼系数测算样本居民个体收入差距进行衡量的，相对于绝对的收入不平等，当下社会更患同龄人之间的相对不平等。由于中国社会以家庭为基本单位，本书第5章通过构建一种识别同龄人收入差距的 AG 指数，利用家庭等值规模调整方法，基于 CFPS2012 微观入户调查数据，测算得到：样本个人收入基尼系数为 0.45，经过年龄调整后的基尼系数为 0.47，家庭收入基尼系数为 0.44，同龄人收入差距更大，家庭收入差距略微缩小。接下来，我们考察了个人所得税和社会保险费的再分配效应。我国个人所得税的再分配效应不强，个人所得税对个体收入和家庭收入的再分配效应约为 1.17% 和 1.9%，将社会保险费纳入后，"大口径"个人所得税对个体、家庭的收入再分配效应为 1.85% 和 2.7% 左右。与个人收入相比，个人所得税对家庭收入的横向不公平更大，个人所得税的累进性程度并不低，平均税率过低是个人所得税在调节收入分配上贡献不足的主要原因。

第五，企业所得税通过改变政府与企业的利润分配形式，间接影响居民工资收入。由于企业内部的代理人问题，企业所得税避税会给高管与普通员工带来不同的风险与收益。在经济社会转型时期的中国，人情至上的关系型社会合约形式在资源配置中扮演着重要角色，影响着企业所得税税负。本书第5章以市委书记变更衡量的地方政府换届角度入手，采用 2005—2013 年沪深两市非金融业上市公司的数据，衡量官员政治晋升、企业政治关联以及风险不确定性对企业避税的影响。研究结果表明，地方政府换届会提高税务机关的税收征管力度，企业税收规避程度将会降低。造成这一现象的主要原因有两个：一是在政治关联失效与政治晋升激励驱动下，新任官员加强了税收征管力度，二是企业面对地方政府换届引发的政策、市场和政治风险不确定性时，采取谨慎的避税行为。

## 7.2 政策建议

本书的研究表明：中国的税收政策实际上并未有效发挥调节收入分配的功能，反而在一定程度上对收入差距起到逆向调节作用，根源在于转型期特定的社会经济环境和税收政策公平导向的偏失。基于此，我们从完善税制运行的制度环境入手，对税收制度进行调整，从而有效发挥税收再分配功能，以增进社会公平。

### 7.2.1 完善转型期社会经济结构

我国社会经济结构在发展过程中逐渐形成了几个明显的特征：社会分割、经济分权和政治集权、人情至上的关系型社会（王永钦 等，2006）。这种社会经济结构在发展早期极大地促进了资本积累和政府间激励，但随着市场型经济的发展，其负面影响凸显，突出表现为收入差距过大、收入分配不公。收入差距持续扩大不利于经济增长和社会治理，面对社会收入分配不公带来的挑战，我们首先需要从制度层面加以完善，通过社会经济结构的渐进式调整完善社会制度，促进社会的和谐发展。

从基尼系数看，城乡间收入差距是我国收入差距的主要构成部分，城乡收入差距大的根本原因在于城乡二元分割结构。这种分割结构会使城乡之间或地区之间形成一定的独立性，容易导致政治权利、经济权利的不均等现象，进而扩大收入差距。拥有城镇户籍的家庭的收入会比农村户籍的家庭的收入高出 9 个百分点，而家庭可支配收入的代际间转移是造成收入不平等的重要因素（陈东和黄旭锋，2015），因此，要从根本上解决城乡收入分配问题，还需在城镇化进程中逐步进行城乡二元体制改革。首先，在土地增值收益方面，政府应充分尊重农民权利，建立规范高效的"三权"运行机制。政府应通过促进土地经营权的自由流转完善农村产权制度，发展现代化农业，增加农民收入。其次，政府应推进城乡基本公共服务的均等化。基本公共服务涉及教育、就业、医疗、社会保障、住房等多个领域，基本公共服务均等化是保障城乡机会均等的前提，而城乡居民教育和政治权利平等对防止阶级固化具有重要意义，有利于促进收入分配中的机会公平。最后，政府应逐步取消城市偏向型的各项制度安排。城乡户籍分割和城市偏向型的财政资金投入完成了早期重工业优先发展的目标，但也造成了城镇化滞后问题，城乡收入差距居高不下（陈斌开和林毅夫，2013）。加快城镇化进程就要放开户籍限制，结合产业结构转型增加农村居民就业机会，鼓励多渠道就业。各级政府的金融支持逐步向农村地区倾斜，满足人们的信贷需求，为落后地区提供良好的创业环境。

调动地方政府积极性、促进政府间良性竞争是我国财政体制改革的重点，也是促进地区间收入分配公平的有效手段。我国的经济分权伴随着政治集权，政治晋升激励会促使地方官员加快本地区的经济发展，但是在对上负责的政绩考核体制下，该激励易造成地方政府间的恶性竞争，从而使得地区间收入差距持续扩大。因此，在中国式分权框架下，规范地方政府竞争对缩小地区间收入分配差距具有积极作用。一方面，我国应改革政绩考核体系。政府及官员的考核内容应以建设服务型政府为导向，将资源利用率和居民满意度纳入指标评价体系，评价范围不仅包括教育、环境、医疗、社会保障等基本公共服务供给水平，也包括涉及人力资本投资的人才创造与吸收情况。另一方面，我国应加大对地方政府经济行为特别是投资行为的监督。投资竞争对收入差距有扩大作用，地区间、城乡间的投资差距越大，收入差距越大（张建武 等，2014）。提高地方政府的经济决策质量，应充分发挥政府各部门以及社会群众的监督作用，保证普通民众参与决策制定过程，落实地方政府责任制，避免因开发"面子工程"对邻近地区产生的负外部性。此外，我国要打破地方保护主义，提高地方政府行政透明度，提高执法力度以减少行政权力对经济的直接干预。中央及上级政府不能为规范竞争而压制竞争，地方政府竞争是促进地区经济发展的有效手段，要以创建服务型政府为目标，构建合理的竞争体系，充分发挥地方政府的信息优势和成本优势，将地方财政变成真正意义上的公共财政。

人情至上的关系型社会形成了我国独特的社会关系网络，这在社会发展早期有利于促进合约的实施，降低合约双方交易成本。但是随着经济活动的复杂化，关系型社会易造成群体的分割，进而限制社会的流动性和公平性。收入分配中的机会不平等既体现在社会资源的获取上，也体现在对社会资源的支配能力上。某一群体对社会资源的支配权利越大，其取得收入的可能性越大，越有可能挤占他人对社会资源的使用。因此，为促进收入分配的公平性，我国应从人治转为法治，逐步建立规则型社会体系。规则型社会首先要以健全的法规秩序为基础，通过各种制度安排规范政府及其他各类群体的行为，提高政策决策与执行的公平性和合理性。传统关系型社会壁垒在经济活动中主要体现为行业垄断，行业垄断既会弱化经济资源配置效率，也会造成个体间机会不均等。因此，我国必须消除行业垄断及其背后的支持因素，促进要素市场的公平竞争。在政治活动中，关系型社会存在的问题主要体现为腐败，要彻底整治腐败必须从政治体制改革入手，完善财政资金管理体制和官员监督问责机制，遏制寻租行为和行政垄断，实现行政体系的法制化。

## 7.2.2 规范和调整税制结构

长期以来，我国实行效率优先的发展理念，经济实现了强劲增长，但收入分配格局却不断恶化，居民贫富差距扩大。市场经济本身很难解决收入分配的不公平问题，要提高整体福利水平，需要政府制定公共政策进行二次分配。税制结构以其独特的分担共享机制缩小收入分配差距，因而我国目前应加强税制建设，强化其收入调节功能，促进居民收入的合理分配。与发达国家相比，我国居民收入水平较低，同时受早期发展政策的限制，我国税收结构以间接税为主，间接税收入占总税收收入的比重较高。间接税侧重资源配置和宏观经济稳定职能，直接税侧重公平分配目标，因此，我国以间接税为主体的税制结构弱化了税制的再分配功能。同时，间接税比重高意味着政府在国民收入初次分配中的参与度高，收入调节作用不强，经济资源配置效率也不高。鉴于此，为避免税收制度对收入分配产生逆向调节作用，我国有必要适当提高直接税比重，优化税收制度设计。但在经济新常态下，经济增长目标不容忽视，并且受涉税信息的限制，我国在优化税制结构的过程中不能简单地以直接税代替间接税，盲目提高直接税的比重。税制结构转变会引起税收归宿的变化，进而影响居民的可支配收入，所以当前的税制改革应以稳步调整各税种的比例关系为前提，按各税种再分配能力的差异进行结构性增减，逐渐规范税制结构。

广义的税制结构不仅包括直接税和间接税的配置比例，也包括各税系中的税种安排，因此，优化税制结构还要规范各税种的税制设计。规范间接税的总体目标是减少政府对资源配置的干预，充分发挥市场在资源配置中的决定性作用，降低间接税比例。首先，我国应建立相应的法律规范保障市场秩序，市场制度安排是减少间接税干预的前提。一方面市场作为资源配置的决定性因素，另一方面政府通过对市场参与主体经济行为的监督，完善初次分配环境，最终实现要素市场的规范化，促进经济效率提高和要素所得的公平分配。其次，我国应调整各项间接税的制度安排。虽然间接税因其转嫁性难以直接影响收入分配，但可以通过对商品和要素价格的调整间接影响居民收入，并且从收入筹集功能上看，相比于直接税，间接税对我国的财政收入贡献很大，能为政府的再分配财政支出提供广泛的资金来源。目前我国间接税以增值税和消费税为主，并且税收收入较大部分是增值税，更应注意因增值税税负转嫁造成的不平等问题，尽量削弱其累退性对收入差距的扩大作用。由于低收入者的生活必需品支出在总支出中占比较高且需求弹性小，因此降低增值税累退性可以从对生活必需品实行低税率或零税率入手，降低中低收入阶层的税负。与增值税不同，消费税可以在消费环节调节收入分配，并且具有一定的累进性。随着居民消费结构的升级，其征税范围应逐步扩大到服务领域，如将高尔夫、高档歌舞厅、高档美容院等的高端消费纳入征税范围。另外，消费税应与资源税和环境保护税相协调。我国正全面推进资源税改革，清费立税、从价计征等方面的转变以及环境保护税的出台有助于促进制度建设的公平性，随着两税法的不断完善，消费税税目既要重视又不能过分强调具有资源节约和环境保护意义的项目，避免出现重复征税、税负不公平的弊端。

完善税制以发挥税收的再分配功能，关键在于提高直接税的比重，在此基础上，还应完善直接税的内部结构设计。作为发展中国家，我国征收直接税面临诸多限制，要强化再分配功能就应在当前约束下做好税制安排，提高税收的累进性和平均税率。由于企业所得税与居民收入分配没有直接关系，并且我国财产税体系尚未建立，所以直接税改革以完善个人所得税为主。个人所得税通过应税所得、征收模式、税率结构和纳税扣除等方面的制度安排发挥调节作用，目前个人所得税收入占总税收收入的比重较低，为了防止个人所得税在我国税制体系中被边缘化，个人所得税的税制改革也要从上述几个方面入手，遵循分步到位的原则，逐步建立起适合我国国情的个人所得税制度。第一，扩宽税基。将各渠道所得纳入征税范围可以保证税收的横向公平，征管条件成熟后，税法可仅规定免税项目，并逐步加强对各种隐蔽性收入的管理。第二，稳步推进综合与分类相结合的课税模式，解决因收入来源不同造成的不平等问题。一般而言，纳入综合征收范围的收入种类越多，个人所得税的调节力度越强。因此对于所有劳动性质所得可综合征收，制定累进税率并配套以每月预缴、年终汇算的缴纳方式；对利息、股息、财产转让所得等资本性或偶然性所得继续采取原分类计征方式，待税收征管条件完善后再逐步采用综合征收模式。这既可以解决公平性问题，也有助于减少纳税人利用税制漏洞分散转移应税所得的避税行为。第三，在税率结构的安排上，应降低最高边际税率，减少税率档次，逐渐提高个人所得税的累进性和平均税率，减轻中低收入者税负。第四，以家庭为课税单位。个人所得税的分类征收模式容易引起家庭层面的横向不公平问题，考虑家庭的整体收支情况征收个人所得税可以加强税负的公平性，并且符合我国的传统观念，易于被纳税人所接受。第五，规定纳税扣除时，应根据居民的消费水平综合测算，在确定基本费用扣除标准的基础上，按照地域因素和通胀情况适当调整，建立免征额与通货膨胀率挂钩的机制。我国当前的个人所得税采用单一费用扣除方式，没有将赡养老人数、抚养小孩数以及相关的教育医疗支出和住房支出计算在内，造成了家庭税收负担不均的问题。因此，可适当增加与家庭生计相关的教育、医疗、住房等专项支出扣除项目，对困难家庭户给予适当额度的扣除，同时与征收模式相适应，做好专项扣除项目与征收模式的衔接。

### 7.2.3　结构性减税与适时开征新税

目前，我国经济进入新常态，供需矛盾日益突出，作为积极财政政策反周期调节的重要手段，结构性减税对我国财税体制安排提出了新的要求。结构性减税以稳定宏观经济和优化税制结构为政策目标，这就要求税收制度安排不仅要在拉动消费与投资、促进增长的同时，熨平经济周期性波动，还要对整体税制结构进行调整，通过税负的结构性增减强化税收功能。结构性减税不是单个税种或税系的完善，也不仅仅是减轻企业或居民的税收负担，而是从根本上优化税制结构、规范社会分配关系（庞凤喜和张念明，2013）。

结构性减税与收入再分配相结合，除调整直接税与间接税的比例关系外，还应实现各税种的协同配合，这不仅体现在增值税、所得税等现有税种的结构性增减上，而且包括根据实际情况适时开征的新税种的制度安排。从收入分配的角度出发，接下来的结构性减税应注意以下问题。

第一，在国民收入初次分配环节，我国应逐步提高劳动报酬占初次分配的比重，处理好政府、企业和居民间的分配关系。由于企业是劳动者就业的主要载体，完善增值税和企业所得税对调整行业间收入差距以及整体的收入分配状况具有重要意义。为切实推进经济结构转型，在增值税改革上，简并税率和立法工作应继续推进。将增值税税率由四档减成三档，继续发挥其税收中性的优势，降低增值税对经济行为的扭曲。强化增值税发票管理、规范各项优惠政策的制定和落实情况，在此基础上应加快推进增值税的立法工作，提高税收环境的法制化和透明度。

理论上，企业所得税可以缩小资本要素与劳动要素的收入差距，但是由于各行业资源利用率和税收优惠适用性的不同，其税负分布不一定存在累进性（万莹，2013）。对于税负痛感指数较高的企业所得税，为提高其累进性，在结构性减税的过程中应按行业区别对待。为充分促进劳动者就业，可适当针对中小企业制定优惠政策，通过实施区别减税政策缓解行业收入分配差距过大的问题。此外，与个人所得税改革相适应，可将部分企业所得税的税收负担疏导至高收入群体，一方面降低企业税负，缓解企业压力，另一方面也可以调整企业与居民间的收入分配关系，从整体上增强税制的再分配作用。

第二，在直接税方面，除积极推进个人所得税的综合改革外，我国还可根据实际情况适时开征房产税、遗产税与赠与税。房地产行业过度繁荣会对实体经济和收入分配产生负面影响，而当前我国房地产市场的保有环节税收缺失，交易环节征税对房价的抑制作用并不明显，因此可在完善涉税信息的基础上开征房产税。房产税不同于土地出让金，在保有环节征收可减少地方政府对土地财政的依赖，完善地方财税体系。开征房产税一方面可以刺激人们购房以外的其他需求，避免社会财富集中到少数人手中，缓解房地产市场对居民收入分配的恶化作用；另一方面，从其财产税的本质来看，征收房产税可以增加地方政府的收入来源，提高当地居民的公共决策参与度，进而促进区域间基本公共服务的均等化。此外，遗产税和赠与税是国外调节收入分配的有效税种，目前我国正逐步推进财税体制改革，可在条件成熟后适时开征遗产税与赠与税，强化直接税对收入分配的直接调控作用。

### 7.2.4 加强税收征管制度建设

科学合理的税制设计是税收征管的基础，而有效的税收征管是实现政策目标的保障，税收与征管制度相协调才能保证税制的可操作性和有效性。目前我国税收管理存在的突出问题是征管手段滞后于税制安排，税收征管效率不高（陈金艳，2012）。为了与结构性减税相适应，优化税制设计，需要加快推进我国的税收征管改革。

首先，我国应构建覆盖面广的财产收入监控制度，对个人收入和财产进行全面监控。参照企业的税务登记识别号制度，制定针对个人的纳税识别号码。税务机关对纳税人统一编号，保证号码的唯一性，并将其与身份证号、社保账号、银行账号等相关联，实现对个人身份信息及收入情况的全面监控。在此基础上，完善现金交易管理办法，规定现金交易的最高限额和交易范围，在全国范围内推广电子交易方式，以便将个人的现金收支情况纳入税务机关监控体系。

其次，我国应建立直接税的税收征管信息平台。该平台应包括纳税人个人信息、税款缴纳和税务审计等多个涉税板块，通过该平台，纳税人可自行申报纳税，税务机关也可查询纳税人信息并开展税务稽查工作。税收征管信息平台的建设有助于提高工作效率，降低纳税人税款缴纳成本与税务机关征管成本。在信息平台建设的基础上，完善涉税信息共享机制。涉税信息的共享可以提高征税效率，减少税款的流失，但同时也会涉及纳税人的隐私权问题。因此，在保证公共利益的前提下，我国应通过严格的立法程序保护纳税人的合法权益，建立税务机关与金融、交通、国土等部门的信息共享体系时应注意信息共享范围的界定，以保护纳税人的隐私和商业秘密。

目前我国全面实行自行申报纳税还存在的一定的困难，因此应进一步完善我国个人所得税的代扣代缴制度，提高扣缴质量。税务机关应加强个人所得税的税收宣传，明确扣缴义务人的法定责任，制定适当的激励措施督促其履行扣缴义务。税务机关应充分利用第三方提供的涉税信息对扣缴单位开展不定期稽查，加大对违法错报行为的惩罚力度。

最后，税务部门要提高工作能力。我国直接税征收存在很大问题，一定程度上就是受制于税务机关及其工作人员的业务能力。因此，在税收征管改革的过程中，应进一步明确各涉税部门的职责范围，强化税收管理体系建设，确保各环节、各部门之间相互协调又相互制约；在日常工作中既要提高工作人员的业务水平，又要为纳税人开展高效便捷的纳税渠道，完善纳税服务平台建设；在征管人员的具体培训上，应加强其税收法治教育和技能培训，提高税务人员的专业素养，降低因征管人员行为不当造成的效率损失；与纳税人的管理相同，加大对税务工作人员及纳税人违法行为的惩罚力度，提高其违法成本。

### 7.2.5 配套其他财政再分配工具

目前我国采取公共政策调节收入分配的手段可概括为"提低、扩中、调高"，但是受劳动生产率、操作空间以及税收手段的限制，收入分配调整政策在实施过程中还存在一定的障碍（唐文进 等，2016）。党的十八届三中全会提出要"完善以税收、社会保障、转移支付为主要手段的再分配调节机制"。因此，在优化税制的基础上我国要深化财政支出，完善转移支付制度，增强再分配调节机制的整体有效性。

财政支出改革应以中央与地方政府事权与支出责任的合理划分为前提。关系社会公平正义的事权和支出责任应由中央政府承担，防止因地方财力不均造成的地区间不平等问题。外部性弱而地域性强的事权和支出责任由地方政府承担，地方政府在区域性事务上更具有信息优势，能够更好地满足本辖区内的公共服务需求，同时由于承担相应的支出责任，地方政府更有动力创新地方财税管理体制，提高财政资金的使用效率。

在财政支出的构成上，民生性财政支出对收入分配的调节作用最为明显，因此应重点加强社会保障支出、教育支出和支农支出。社会保障支出作为公共财政支出的重要组成部分，应随着财政收入的提高而不断增加。社会保障支出在确保规模的同时，还要依各地区居民生活水平的差异不断调整支出结构。对于贫困落后地区可适当增加最低生活保障支出，之后再逐步增加社会保险支出和社会福利支出。最低生活保障支出具有扶贫的特征，根据"提低"的要求，可进一步提高其在总支出中的比例，为更多低收入群体提供最低生活保障，同时为保证最低生活保障覆盖范围的合理性，其支出标准应与物价水平相适应。中央财政应安排相应的补助支出来缩小地区间社会保障水平的差距，补助金额向社会保障任务艰巨且财力状况不佳的地区倾斜，继续推进社会保障的全国统筹工作，扭转城乡不平等的局面，从而在全国范围内提高社会保障水平。教育支出主要通过保障居民的受教育权利、促进机会公平来改善收入分配。中央及地方财政逐步加大教育经费投入，并在地区间、城乡间进行合理分配。教育支出偏向中西部地区和农村地区，以促进义务教育资源的均衡配置，以保障不同地区居民的平等受教育权利为目标，缓解机会不平等对收入分配差距的扩大作用。支农支出是增加农民收入的专项财政支出，能有效缩小城乡间收入分配差距。当前，我国应顺应已有的支农惠农政策，继续加大对"三农"的财政支持力度，可针对"三农"指标建立各级财政的考核机制，避免地方政府采取单方面追求经济增长致使农民收入下降的行为。同时，为提高财政资金的使用效率，中央政府要整合支农资金，强化对各级政府支农财政资金的管理，解决划拨环节的低效率问题。在各项财政资金的具体使用上，中央政府应重点关注地方财政支出结构失衡的问题，降低经济建设支出对公共服务支出的挤出效应，从而促进不同收入群体的机会均等性。

转移支付制度作为调节收入分配的有效手段，不仅可调节各级政府间的财力状况，也能通过各项财政支出安排影响地区间收入分配，众多研究表明，我国政府间转移支付确实具有较强的收入再分配效应（郭庆旺 等，2016）。完善转移支付制度首先要提高一般性转移支付的规模和比例。一般性转移支付能够使落后地区拥有更多的财政资金用于民生建设，从而提高公共服务供给水平。具体而言，一般性转移支付可以增强地方政府财力，因没有规定资金的具体使用方向，地方政府可根据实际公共需求合理安排保障支出、教育支出和支农支出等财政支出用于本辖区的公共服务建设。税收返还保护了富裕地区的既得利益，不利于各地区财力水平的均等化。因此，要不断缩小税收返还在转移性支付中所占的比重，可按一定标准将其转化为一般性转移支付，以弱化税收返还对财力差距的逆向调节作用。在调整纵向转移支付制度的同时，还应建立健全我国的横向转移支付制度。单靠中央财政的纵向调节无法有效解决地区间财政失衡问题，而横向转移支付制度可促使财力雄厚的地区对贫困地区进行资金转移，从而支持贫困地区的经济发展。中央政府应在规范地方政府竞争的基础上做出横向转移支付的制度安排，以此调剂地区间的财力余缺，从而达到缩小收入分配差距的目的。

# 7.3 研究不足与展望

本书从政府收入端，将收入具体分为间接税、个人所得税以及企业所得税等部分系统性评估了中国税收政策的再分配效应，并从社会经济背景角度剖析税收再分配功能失效的制度性根源。在得到一些有意义结论的同时，还可以从以下几个方面进一步研究：

首先，本书对税收再分配效应的评估框架优化设计研究不够。本书实际上只是探讨了税收制度内部各个税种对居民收入分配的影响，尚未涉及大的税收框架本身的优化问题。改革开放后，中央与地方在经济资源掌控强度上的转化都是通过财政制度改革达成的。1994 年的分税制改革将经济资源再次向上集中，通过划分中央税、地方税与共享税，中央在财力上获得集权，加强了中央政府的宏观调控能力。但是，分税制改革也使得地方政府财权与事权不匹配，基层治理能力受到限制。为了应对这一困境，地方政府普遍通过土地财政、显性与隐性债务融资等手段暂时缓解了财政困难，但却恶化了国民收入分配、加剧财政金融风险。"营改增"全面实施后，地方税制体系面临着更大幅度和范围的调整与重构。那么，是否存在更优化的税收模式，中央与地方税制框架的调整如何找到集权与分权的均衡点将是后续扩展研究的一个重要方面。

其次，税收征管制度是实施税收治理现代化的支撑，良好的税收制度设计需要适合的征纳体系配合才能运行。由于税制构建的缺陷以及社会上广泛存在的人情至上关系型契约方式，中国的税收征管制度弱化了其再分配功能。地方政府在税收竞争压力下，可能会滥用税收优惠政策，制造税收洼地来招商引资，通过所得税优惠保护本地企业，造成地区间恶性竞争与纳税不公平。此外，政企关系也会影响企业税收行为，不同的企业产权性质和高管政治关联会使企业产生不一样的税收激进行为，利用征管漏洞游走于合理避税与违法偷逃税之间。此外，个人所得税和房产税等热点税种改革成功的关键，也在于能否设计出相应的征纳制度以及如何实施相应的征纳模式。因此，评估税务机关的征管质量对居民收入差距的影响、探讨多部门合作的征管模式是下一步研究的重点。

再次，随着统计数据的不断更新与完善，本书的研究可以进一步深化。

例如，在测算个人所得税再分配效应时，由于暂时无法获取个人实际缴纳的税额，本书只能通过个人收入分类推算缴纳的个人所得税；如果能够获取家庭财产详细信息，那么通过数值模拟房产税征收方式将是一个可以精细化研究的方向。

最后，本书探讨的税收再分配问题，未将所有税种都放入一个框架中，综合测算税收系统的再分配效应，这将是下一步深入研究的重点。

# 参考文献

［1］曹春方. 政治权力转移与公司投资：中国的逻辑 ［J］. 管理世界，2013（1）：143-157.

［2］陈刚，李树. 官员交流、任期与反腐败 ［J］. 世界经济，2012（2）：120-142.

［3］丛树海. 收入分配与财政支出结构 ［M］. 北京：人民出版社，2014.

［4］戴亦一，潘越，冯舒. 中国企业的慈善捐赠是一种"政治献金"吗：来自市委书记更替的证据 ［J］. 经济研究，2014，49（2）：74-86.

［5］范子英，李欣. 部长的政治关联效应与财政转移支付分配 ［J］. 经济研究，2014，49（6）：129-141.

［6］方军雄. 我国上市公司高管的薪酬存在粘性吗？［J］. 经济研究，2009，44（3）：110-124.

［7］雷光勇，王文忠，邱保印. 政治冲击、银行信贷与会计稳健性 ［J］. 财经研究，2015，41（3）：121-131.

［8］李建新. 中国民生发展报告2015 ［M］. 北京：北京大学出版社，2015.

［9］李实，赖德胜，罗楚亮. 中国收入分配研究报告 ［M］. 北京：社会科学文献出版社，2013.

［10］李维安，钱先航. 地方官员治理与城市商业银行的信贷投放 ［J］. 经济学（季刊），2012（4）：1239-1260.

［11］李维安，徐业坤. 政治身份的避税效应 ［J］. 金融研究，2013（3）：114-129.

［12］梁平汉，高楠. 人事更替、法制环境和地方环境污染 ［J］. 管理世界，2014（6）：65-78.

[13] 刘行，叶康涛．企业的避税活动会影响投资效率吗？[J]．会计研究，2013 (6)：47-53.

[14] 刘怡，聂海峰．增值税和营业税对收入分配的不同影响研究 [J]．财贸经济，2009 (6)：63-68.

[15] 罗党论，魏翥．政治关联与民营企业避税行为研究：来自中国上市公司的经验证据 [J]．南方经济，2012 (11)：29-39.

[16] 吕冰洋，樊勇．分税制改革以来税收征管效率的进步和省际差别 [J]．世界经济，2006，29 (10)：69-77，96.

[17] 世界银行．2006年世界发展报告：公平与发展 [M]．北京：清华大学出版社，2006.

[18] 世界银行．2013年世界银行发展报告：就业 [M]．北京：清华大学出版社，2013.

[19] 宋凌云，王贤彬，徐现祥．地方官员引领产业结构变动 [J]．经济学（季刊），2013 (1)：71-92.

[20] 陶然，陆曦，苏福兵，等．地区竞争格局演变下的中国转轨：财政激励和发展模式反思 [J]．经济研究，2009，44 (7)：21-33.

[21] 王德祥，李建军．我国税收征管效率及其影响因素：基于随机前沿分析 (SFA) 技术的实证研究 [J]．数量经济技术经济研究，2009 (4)：152-161.

[22] 王贤彬，徐现祥．地方官员来源、去向、任期与经济增长：来自中国省长省委书记的证据 [J]．管理世界，2008 (3)：16-25.

[23] 王贤彬，张莉，徐现祥．什么决定了地方财政的支出偏向：基于地方官员的视角 [J]．经济社会体制比较，2013 (6)：157-167，180.

[24] 文雁兵．新官上任三把火：存在中国式政治经济周期吗 [J]．财贸经济，2014 (11)：111-124.

[25] 吴文锋，吴冲锋，芮萌．中国上市公司高管的政府背景与税收优惠 [J]．管理世界，2009 (3)：134-142.

[26] 徐业坤，钱先航，李维安．政治不确定性、政治关联与民营企业投资：来自市委书记更替的证据 [J]．管理世界，2013 (5)：116-130.

[27] 江轩宇．税收征管、税收激进与股价崩盘风险 [J]．南开管理评论，2013 (5)：152-160.

[28] 陈斌开，林毅夫．发展战略、城市化与中国城乡收入差距 [J]．中国社会科学，2013 (4)：81-102.

[29] 陈东，黄旭锋．机会不平等在多大程度上影响了收入不平等：基于代际转移的视角 [J]．经济评论，2015 (1)：3-16.

［30］陈金艳 . 税收征管改革与税收制度的协调［J］. 税务研究，2012
（9）：70-72.

［31］樊纲，王小鲁 . 消费条件模型和各地区消费条件指数［J］. 经济研究，
2004，39（5）：13-21.

［32］高培勇 . 中国税收持续高速增长之谜［J］. 经济研究，2006，41
（12）：13-23.

［33］高培勇 . 新一轮税制改革评述：内容、进程与前瞻［J］. 财贸经济，
2009（2）：5-12.

［34］高培勇 . 尽快启动直接税改革：由收入分配问题引发的思考［J］.
涉外税务，2011（1）：16-19.

［35］郭庆旺 . 有关税收公平收入分配的几个深层次问题［J］. 财贸经济，
2012（8）：20-27.

［36］郭庆旺，陈志刚，温新新，等 . 中国政府转移性支出的收入再分配
效应［J］. 世界经济，2016，39（8）：50-68.

［37］何山，李后建 . 地方官员异地更替对企业 R&D 投资具有"挤出"
效应吗？［J］. 产业经济研究，2014（4）：30-40.

［38］贾康，梁季 . 我国个人所得税改革问题研究［J］. 经济学动态，
2010（3）：37-43.

［39］雷根强，郭玥 . 差别费用扣除与个人所得税制改革：基于微观数据
的评估［J］. 财政研究，2016（6）：28-41.

［40］李森，刘亚林 . 税收公平新论［J］. 税务研究，2016（1）：32-37.

［41］李实，罗楚亮 . 中国城乡居民收入差距的重新估计［J］. 北京大学
学报（哲学社会科学版），2007，44（2）：111-120.

［42］李实，罗楚亮 . 中国收入差距究竟有多大？：对修正样本结构偏差
的尝试［J］. 经济研究，2011，46（4）：68-79.

［43］李颖 . 城乡居民间接税税负率的测算与评价［J］. 中南财经政法
大学学报，2016（4）：57-65，95.

［44］林毅夫，刘志强 . 中国的财政分权与经济增长［J］. 北京大学学报
（哲学社会科学版），2000（4）：5-11.

［45］刘穷志 . 间接税归宿的累退性与居民收入不平等［J］. 经济管理，
2011，33（1）：166-111.

［46］刘怡，聂海峰 . 间接税负担对收入分配的影响分析［J］. 经济研究，
2004，39（5）：22-30.

［47］刘元生，杨澄宇，袁强 . 个人所得税的收入分配效应［J］. 经济研究，

2013, 48 (1): 99-109.

　　[48] 卢洪友, 王云霄, 祁毓. "营改增" 的财政体制影响效应研究 [J]. 经济社会体制比较, 2016 (3): 71-83.

　　[49] 卢洪友, 张楠. 国家治理逻辑下的税收制度: 历史线索、内在机理及启示 [J]. 社会科学, 2016 (4): 30-38.

　　[50] 卢盛峰, 陈思霞, 张东杰. 税制亲贫性: 谁在承担着中国的税负? [J]. 经济管理, 2015, 37 (4): 168-177.

　　[51] 吕冰洋, 郭庆旺. 中国税收高速增长的源泉: 税收能力和税收努力框架下的解释 [J]. 中国社会科学, 2011 (2): 76-90, 221-222.

　　[52] 倪红福, 龚六堂, 王茜萌. "营改增" 的价格效应和收入分配效应 [J]. 中国工业经济, 2016 (12): 23-39.

　　[53] 聂海峰, 刘怡. 城镇居民的间接税负担: 基于投入产出表的估算 [J]. 经济研究, 2010, 45 (7): 31-42.

　　[54] 聂海峰, 岳希明. 间接税归宿对城乡居民收入分配影响研究 [J]. 经济学 (季刊), 2012, 11 (4): 287-312.

　　[55] 聂辉华, 王梦琦. 政治周期对反腐败的影响: 基于 2003—2013 年中国厅级以上官员腐败案例的证据 [J]. 经济社会体制比较, 2014 (4): 127-140.

　　[56] 聂日明. 养老并轨将成社保改革动力 [J]. 检察风云, 2015 (4): 30-31.

　　[57] 庞凤喜, 张念明. 结构性减税政策的操作路径解析 [J]. 税务研究, 2013 (2): 3-10.

　　[58] 彭海艳. 我国个人所得税再分配效应及累进性的实证分析 [J]. 财贸经济, 2011 (3): 11-17, 136.

　　[59] 石柱鲜, 张晓芳, 黄红梅. 间接税对我国行业产出和居民收入的影响: 基于 CGE 模型的分析 [J]. 吉林大学社会科学学报, 2011, 51 (2): 120-128.

　　[60] 唐文进, 应斌, 高楠, 等. 财政收支与中国可持续增长: 财政支出、收入分配与中国经济新常态学术会议综述 [J]. 管理世界, 2016 (5): 164-167.

　　[61] 万相昱. 个人所得税改革的灵敏度分析: 基于微观模拟途径 [J]. 世界经济, 2011 (1): 93-106.

　　[62] 万莹. 我国企业所得税收入分配效应的实证分析 [J]. 中央财经大学学报, 2013 (6): 18-22.

　　[63] 王德祥, 戴在飞. 现阶段我国企业所得税的归宿: 理论模型与实证

检验［J］. 经济学动态，2015（7）：61-69.

［64］王娜，王跃堂，王亮亮. 企业所得税影响公司薪酬政策吗：基于企业所得税改革的经验研究［J］. 会计研究，2013（5）：35-42，95.

［65］王延明. 上市公司所得税负担研究：来自规模、地区和行业的经验证据［J］. 管理世界，2003（1）：115-122.

［66］王永钦，张晏，章元，等. 十字路口的中国经济：基于经济学文献的分析［J］. 世界经济，2006，29（10）：3-20，95.

［67］吴联生. 国有股权、税收优惠与公司税负［J］. 经济研究，2009，44（10）：109-120.

［68］徐建炜，马光荣，李实. 个人所得税改善中国收入分配了吗：基于对1997—2011年微观数据的动态评估［J］. 中国社会科学，2013（6）：53-71.

［69］许志伟，吴化斌，周晶. 个人所得税改革的宏观福利分析［J］. 管理世界，2013（12）：32-42.

［70］亚当·斯密. 国民财富的性质和原因的研究［M］. 北京：商务印书馆，1776.

［71］亚洲开发银行. 2007亚洲发展展望报告［M］. 北京：社会科学文献出版社，2007.

［72］杨海生，陈少凌，罗党论，等. 政策不稳定性与经济增长：来自中国地方官员变更的经验证据［J］. 管理世界，2014（9）：13-28.

［73］杨海生，罗党论，陈少凌. 资源禀赋、官员交流与经济增长［J］. 管理世界，2010（5）：17-26.

［74］于文超，李树，袁燕. 官员更替、产权性质与企业避税［J］. 浙江社会科学，2015（8）：14-25，156.

［75］张军，高远. 官员任期、异地交流与经济增长：来自省级经验的证据［J］. 经济研究，2007，42（11）：91-103.

［76］郑永年. 中国的"行为联邦制"：中央—地方关系的变革与动力［J］. 北京大学研究生学志，2013（01）：129-130.

［77］周黎安. 中国地方官员的晋升锦标赛模式研究［J］. 经济研究，2007，42（7）：36-50.

［78］周黎安. 转型中的地方政府：官员激励与治理［M］. 上海：格致出版社，2008.

［79］周黎安，赵鹰妍，李力雄. 资源错配与政治周期［J］. 金融研究，2013（3）：15-29.

［80］周黎安，刘冲，厉行. 税收努力、征税机构与税收增长之谜［J］.

经济学（季刊），2012（1）：1-18.

[81] 杨斌. 西方模式个人所得税的不可行性和中国式个人所得税的制度设计 [J]. 管理世界，2002（7）：11-23.

[82] 杨耀武，杨澄宇. 中国基尼系数是否真地下降了：基于微观数据的基尼系数区间估计 [J]. 经济研究，2015，50（3）：75-86.

[83] 岳树民，卢艺，岳希明. 免征额变动对个人所得税累进性的影响 [J]. 财贸经济，2011（2）：18-24，61.

[84] 岳希明，徐静. 我国个人所得税的居民收入分配效应 [J]. 经济学动态，2012（6）：16-25.

[85] 岳希明，徐静，刘谦，等. 2011年个人所得税改革的收入再分配效应 [J]. 经济研究，2012（9）：113-124.

[86] 岳希明，张斌，徐静. 中国税制的收入分配效应测度 [J]. 中国社会科学，2014（6）：96-117.

[87] 张建武，赵秋运，兰丽君. 地方政府竞争恶化了城乡收入差距吗：基于1995—2007年省际面板数据的实证分析 [J]. 劳动经济研究，2014（3）：100-116.

[88] 张莉，王贤彬，徐现祥. 财政激励、晋升激励与地方官员的土地出让行为 [J]. 中国工业经济，2011（4）：35-43.

[89] 张楠，卢洪友. 官员垂直交流与环境治理：来自中国109个城市市委书记（市长）的经验证据 [J]. 公共管理学报，2016，13（1）：31-43，153-154.

[90] 张天舒. 集团化经营、内部市场与企业税负 [J]. 上海经济研究，2013，25（3）：97-108.

[91] 张晏，龚六堂. 分税制改革、财政分权与中国经济增长 [J]. 经济学（季刊），2005，4（4）：75-108.

[92] 朱琛. 城乡居民收入与消费差距的动态相关性：基于1992—2009年经验数据的考察 [J]. 财经科学，2012（8）：39-48.

[93] 邹红，喻开志. 退休与城镇家庭消费：基于断点回归设计的经验证据 [J]. 经济研究，2015，50（1）：124-139.

[94] JAMES A, MARTINEZ-VAZQUEZ J, MARK R. The challenges of tax reform in a global economy [M]. Berlin：springer，2006.

[95] A I, MOGSTAD, M. Older or wealthier? the impact of age adjustment on wealth inequality [J]. The Scandinavian Journal of Economics, 2012, 114（1）：24-54.

[96] A O, E B, SOYDAN G. An evaluation of indirect taxes in Turkey [J]. Burcay Erus, 2010, 30 (4): 2787-2801.

[97] ARULAMPALAM W, DEVEREUX M P, M G. The direct incidence of corporate income tax on wages [J]. European Economic Review, 2012, 56 (6): 1038-1054.

[98] ATKINSON A B, STIGLITZ J E. Design of tax structure: Direct versus indirect taxation [J]. Journal of Public Economics, 1976, 6 (1-2): 55-75.

[99] AUERBACH A, HASSETT K. Capital taxation in the twenty – first century [J]. American Economic Review, 2015, 105 (5): 38-42.

[100] AURIOL E, WARLTERS M. Taxation base in developing countries [J]. Journal of Public Economics, 2005, 89 (4): 625-646.

[101] BELAN P, GAUTHIER S, LAROQUE G. Optimal grouping of commodities for indirect taxation [J]. Journal of Public Economics, 2008, 92 (7): 1738-1750.

[102] BESLEY T J, ROSEN H S. Sales taxes and prices: An empirical analysis [J]. National Tax Journal, 199 (52): 157-178.

[103] BIRD R M, ZOLT E M. Redistributionvia taxation: The limited role of the personal income tax in developing countries [J]. UCLA Law Review, 2005, 52 (6): 1627-1695.

[104] BOADWAY R, SONG Z. Indirect taxes for redistribution: should necessity goods be favored? [J]. Research in Economics, 2016, 70 (1): 64-88.

[105] BURNS J P. Strengthening central Ccp control of leadership selection- The 1990 nomenklatura [J]. China Quarterly, 1994 (138): 458-491.

[106] CAMPANTE F R, CHOR D, QUOC – ANH D. Instability and the incentives for corruption [J]. Economics & Politics, 2009, 21 (1): 42-92.

[107] CAPPELEN . W, TUNGODDEN B. Local autonomy and interregional equality [J]. Social Choice and Welfare, 2004, 28 (3): 443-460.

[108] CARBONNIER C. Who pays sales taxes? Evidence from French vat reforms, 1987-1999 [J]. Journal of Public Economics, 2007, 91 (5-6): 1219-1229.

[109] CASALE D M. Indirect taxation and gender equity: Evidence from south africa [J]. Feminist Economics, 2012, 18 (3): 25-54.

[110] CHAN K H, LIN K Z, MO P L L. Will a departure from tax-based accounting encourage tax noncompliance? Archival evidence from a transition

economy [J]. Journal of Accounting & Economics, 2010, 50 (1): 58-73.

[111] CHEN K P, CHU C. Internal controlversus external manipulation: A model of corporate income tax evasion [J]. Rand Journal of Economics, 2005, 36 (1): 151-164.

[112] CHEN X. Decentralized authoritarianism in China: The Communist Party's control of local elites in the Post-Mao Era [J]. Journal of Asian Studies, 2009, 68 (4): 1256-1257.

[113] CHEN Z, DYRENG S, LI B. Playing the corporate political contributions lottery: Evidence from tax avoidance [J]. Social Science Electronic publishing, 2014.

[114] CRAGG M. Do we care? A study of Canada's indirect tax system [J]. Canadian Journal of Economics, 1991, 24 (1): 124-143.

[115] CREMER H, PESTIEAU P, ROCHET J C. Direct versus indirect taxation: The design of the tax structure revisited [J]. International Economic Review, 2001, 42 (3): 781-799.

[116] CROCKER K J, SLEMROD J. Corporate tax evasion with agency costs [J]. Journalof Public Economics, 2005, 89 (9-10): 1593-1610.

[117] DENG Y H, T. Tax revenue manipulation by local taxation administrations in China [J]. Asia-Pacific Journal of Accounting & Economics, 2011, 18 (1): 61-75.

[118] DESAI M A, DHARMAPALA D. Corporate tax avoidance and high-powered incentives [J]. Journal of Financial Economics, 2005, 79 (1): 145-179.

[119] DESAI M A, DYCK A, ZINGALES L. Theft and taxes [J]. Journal of Financial Economics, 2006, 84 (3): 591-623.

[120] DEVEREUX M P, GRIFFITH R. Evaluating tax policy for location decisions [J]. International Tax and Public Finance, 2003, 10 (2): 107-126.

[121] DIAMOND P A, MIRRLEES J A. Optimal taxation and public production I: Production Efficiency [J]. The American Economic Review, 1971, 61 (1): 8-27.

[122] DUCHIN R, SOSYURA D. The politics of government investment [J]. Journal of Financial Economics, 2012, 106 (1): 24-48.

[123] DWENGER N, RATTENHUBER P, STEINER V. Sharing the burden: Empirical evidenceon corporate tax incidence [J]. German Economic Review, 2019, 20 (4): 107-140.

[124] DYRENG S D, HOOPES J L, WILDE J H. Public pressure and corporate tax behavior [J]. Journal of Accounting Research, 2016, 54 (1): 147-186.

[125] EASTERLIN R A, MORGAN R, SWITEK M. et al. China's life satisfaction, 1990-2010 [J]. Proceedings of the National Academy of Sciences, 2012, 109 (25): 9775-9780.

[126] FELD L P. Allocative and distributive effects of tax competition: An empirical analysis for Switzerland [J]. Aussenwirtschaft, 1999, 54 (4): 503-528.

[127] FELDSTEIN M S. Distributional equity and optimal structure of public prices [J]. American Economic Review, 1972, 62 (1): 32-36.

[128] FELIX R A, HINES J R. Corporate taxes and union wages in the United States [J]. National Bureau of Economic Research, 2009, 11 (S1): 1-7.

[129] FLEURBAEY M, MANIQUET F. Fair income tax [J]. Review of Economic Studies, 2006, 73 (1): 55-83.

[130] FOREMNY D, RIEDEL N. Business taxes and the electoral cycle [J]. Journal of Public Economics, 2014, 115: 48-61.

[131] FOSTER J, GREER J, THORBECKE E. A class of decomposable poverty measures [J]. Econometrica, 1984, 52 (3): 761-766.

[132] FRANCK R, RAINER I. Does the leader's ethnicity matter? Ethnic favoritism, education, and health in sub-saharan Africa [J]. American Political Science Review, 2012, 106 (2): 294-325.

[133] FREEBAIRN J. Taxation reform: Some economic issues [J]. Australian Economic Review, 1997, 30 (1): 57-70.

[134] FRYE T, SHLEIFER A. The invisible hand and the grabbing hand [J]. American Economic Review, 1997, 87 (2): 354-358.

[135] GORDON R, LI W. Tax structures in developing countries: Many puzzles and a possible explanation [J]. Journal of Public Economics, 2009, 93 (7-8): 855-866.

[136] GOUVEIA M., STRAUSS R P. Effective federal individual income-tax functions: an exploratory empirical analysis [J]. National Tax Journal, 1994, 47 (2): 317-339.

[137] GUO G. Retrospective economic accountability under authoritarianism: evidence from China [J]. Political Research Quarterly, 2007, 60 (3): 378-

390.

[138] GUO G. China's local political budget cycles [J]. American Journal of Political Science, 2009, 53 (3): 621-632.

[139] HANLON M, HEITZMAN S. A review of tax research [J]. Journal of Accounting & Economics, 2010, 50 (2-3): 127-178.

[140] HANLON M, SLEMROD J. What does tax aggressiveness signal? Evidence from stock price reactions to news about tax shelter involvement [J]. Journal of Public Economics, 2009, 93 (1): 126-141.

[141] HANWEN C, SONG T, DONGHUI W, et al. The political dynamics of corporate tax avoidance: The Chinese experience [J]. The Accounting Review, 2021, 96 (5): 157.

[142] HARBERGER A C. The abcs of corporation tax Incidence: Insights into the open-economy Case [J]. Tax Policy and Economic Growth, 1995, 51 (2): 51-73.

[143] HARBERGER A C. The incidence of the corporation income tax revisited [J]. National Tax Journal, 2008, 61 (2): 303-312.

[144] HIGGINS S, PEREIRA C. The effects of Brazil's taxation and social spending on the distribution of household income [J]. Public Finance Review, 2014, 42 (3): 346-367.

[145] HIRSCHMAN A O. The paternity of an index [J]. American Economic Review, 1964, 54 (5): 761-762.

[146] HODLER R, RASCHKY P A. Regional favoritism [J]. Quarterly Journal ofEconomics, 2014, 129 (2): 995-1033.

[147] HUNTER W J, NELSON M A. Tax enforcement: A public choice perspective [J]. Public Choice, 1995, 82 (1-2): 53-67.

[148] JACOBS B, BOADWAY R. Optimal linear commodity taxation under optimal non-linear income taxation [J]. Journal of Public Economics, 2014, 117: 201-210.

[149] KAKWANI N C. Measurement of tax progressivity: An international comparison [J]. Economic Journal, 1977, 87 (345): 71-80.

[150] KAPLANOGLOU G. Household consumption patterns, indirect tax structures and implications for indirect tax harmonisation: A three country perspective [J]. Economic and Social Review, 2004, 35 (1): 83-108.

[151] KAPLANOGLOU G. Who pays indirect taxes in Greece? From Eu

Entry to the fiscal crisis [J]. Public Finance Review, 2015, 43 (4): 529-556.

[152] KAPLANOGLOU G, NEWBERY D M. Indirect taxation in Greece: Evaluation and possible reform [J]. International Tax and Public Finance, 2003, 10 (5): 511-533.

[153] KAPLOW L. On the undesirability of commodity taxation even when income taxation isnot optimal [J]. Journal of Public Economics, 2006, 90 (6-7): 1235-1250.

[154] LAMBERT P J, ARONSON J R. Inequality decomposition analysis and the gini coefficient revisited [J]. Economic Journal, 1993, 103 (420): 1221-1227.

[155] LI H, ZHOU L. Political turnover and economic performance: The incentive role of personnel control in china [J]. Journal of Public Economics, 2005, 89 (9-10): 1743-1762.

[156] LIBERATI P. The distributional effects of indirect tax changes in Italy [J]. International Tax and Public Finance, 2001, 8 (1): 27-51.

[157] LINDBECK A. Stabilization policy in open economies with endogenous politicians [J]. American Economic Review, 1976, 66 (2): 1-19.

[158] LUSTIG N, PESSINO C, SCOTT J. The impact of taxes and social spending on inequality and poverty in Argentina, Bolivia, Brazil, Mexico, Peru and Uruguay [J]. Public Finance Review, 2014, 42 (3): 287-303.

[159] MANKIW N G, WEINZIERL, M, YAGAN D. Optimal taxation in theory and practice [J]. Journal of Economic Perspectives, 2009, 23 (4): 147-174.

[160] MAYSHAR J, YITZHAKI S. Dalton – improving tax reform: When households differ in ability and needs [J]. Journal of Public Economics, 1996, 62 (3): 399-412.

[161] MILLER G S, SKINNER D J. Determinants of the valuation allowance for deferred tax assetsunder sfas No. 109 [J]. Accounting Review, 1998, 73 (2): 213-233.

[162] MINTZ J, SMART M. Income shifting, investment, and tax competition: Theoryand evidence from provincial taxation in Canada [J]. Journal of Public Economics, 2004, 88 (6): 1149-1168.

[163] MUSGRAVE R A, THIN T. Income tax progression, 1929-48 [J]. Journal of Political Economy, 1948, 56 (6): 498-514.

[164] MUSGRAVE R A, CARROLL J J, COOK L D, et al. Distribution of tax payments by income groups: A case study for 1948 [J]. National Tax Journal, 1951, 4 (1): 1-53.

[165] NAITO H. Re-examination of uniform commodity taxes under a non-linear income tax system and its implication for production efficiency [J]. Journal of Public Economics, 1999, 71 (2): 165-188.

[166] NARAYANA M R. Impact of population ageingon sustainability of India's current fiscal policies: A generational accounting approach [J]. The Journal of the Economics of Ageing, 2014, 3: 71-83.

[167] NELSON M A. Electoral cycles and the politics of state tax policy [J]. Public Finance Review, 2000, 28 (6): 540-560.

[168] NIE H, JIANG M, WANG X. The impact of political cycle: Evidence from coalmine accidents in China [J]. Journal of Comparative Economics, 2013, 41 (4): 995-1011.

[169] NORDHAUS W D. The political business cycle [J]. Review of Economic Studies, 1975, 42 (2): 169-190.

[170] OIAL, J C. Fiscal reform and the economic foundations of local state corporatism in China [J]. World Politics, 1992, 45 (1): 99-126.

[171] PAGLIN M. The measurement and trend of inequality: A basic revision [J]. The American Economic Review, 1975, 65 (4): 598-609.

[172] PARMENTER B R, MEAGHER G A. Policy analysis using a computable general equilibrium model: A review of experience at the impact project [J]. Australian Economic Review, 1985, 18 (1): 3-15.

[173] PENG Y S. Chinese villages and townships as industrial corporations: Ownership, governance and market discipline [J]. American Journal of Sociology, 2001, 106 (5): 1338-1370.

[174] PIPPIN S E. An analysis of the impact of tax systems on income distribution, poverty, and human well-being: Evidence from cross-country comparisons [D]. Texas: Texas Tech University, 2006.

[175] QIAN Y Y, WEINGAST B R. Federalism as a commitment to preserving market incentives [J]. Journal of Economic Perspectives, 1997, 11 (4): 83-92.

[176] QIAN Y, XU C. Why China's economic reform differ: The M-form hierarchy and entry/expansion of the non-state sector [J]. Economics of

共享发展视域下中国税收制度再分配效应研究

Transition, 1993, 1 (2): 135-170.

[177] RAJEMISON H, HAGGBLADE S, YOUNGER S D. Indirect tax incidence in Madagascar: Updated estimates using the input-output table [J]. CFNPP Working Paper, 2003, 147 (9): 32.

[178] RAMSEY F P. A contribution to the theory of taxation [J]. The Economic Journal, 1927, 37 (145): 47-61.

[179] RAVALLION M, CHEN S. China's (uneven) progress against poverty [J]. Journal of Development Economics, 2007, 82 (1): 1-42.

[180] RICHTER B K, SAMPHANTHARAK K, TIMMONS J F. Lobbying and taxes [J]. American Journal of Political Science, 2009, 53 (4): 893-909.

[181] ROGOFF K. Equilibrium political budget cycles [J]. American Economic Review, 1990, 80 (1): 21-36.

[182] ROGOFF K, SIBERT A. Elections and macroeconomic policy cycles [J]. Review of Economic Studies, 1988, 55 (1): 1-16.

[183] SAEZ E. Direct or indirect tax instruments for redistribution: Short-run versus long-run [J]. Journal of Public Economics, 2004, 88 (3): 503-518.

[184] SCUTELLA R. The final incidence of Australian indirect taxes [J]. Australian Economic Review, 1999, 32 (4): 349-368.

[185] SERRATO J C S, ZIDAR O. Who benefits from state corporate tax cuts? A local labor markets approach with heterogeneous firms [J]. American Economic Review, 2016, 106 (9): 2582-2624.

[186] SLEMROD J, WILSON J D. Tax competition with parasitic tax havens [J]. Journal of Public Economics, 2009, 93 (11-12): 1261-1270.

[187] SMEEDING T. Poor people in rich nations: The United States in comparative perspective [J]. The Journal of Economic Perspectives, 2006, 20 (1): 69-90.

[188] STERN N. Aspects of the general theory of tax reform [M]. New York: Oxford University Press, 1987.

[189] STIGLITZ J E. Self-selection and pareto efficient taxation [J]. Journal of Public Economics, 1982, 17 (2): 213-240.

[190] RELE H J. Measuring the life time redistribution achieved by dutch taxation, cash transfer and non-cash benefits programs [J]. Review of Income and Wealth, 2007, 53 (2): 335-362.

参考文献

[191] TSAI P H. Fiscal incentives and political budget cycles in China [J]. International Tax and Dublic Finance, 2016, 23 (6): 1030-1073.

[192] TUFTE E R. Political control of the economy [M]. Princeton: Princeton University Press, 1978.

[193] VERBIST G, FIGARI F. Redistributive effect and progressivity of taxes: An international comparison across the European Union [J]. Dublic Finance Analysis, 2014, 70 (3): 405-429.

[194] WAGSTAFF A, DOORSLAER E V, BURG H V. Redistributive effect, progressivity and differential tax treatment: Personal income taxes in twelve OECD Countries [J]. Journal of Public Economics, 1999, 72 (1): 73-98.

[195] WALDER A G. Markets and inequality in transitional economies: Toward testable theories [J]. American Journal of Sociology, 1996, 101 (4): 1060-1073.

[196] WALLACE S, WASYLENKO M, WEINER D. The distributional implications of the 1986 tax reform [J]. National Tax Journal, 1991, 44 (2): 181-198.

[197] WERTZ K L. The measurement of inequality: Comment [J]. American Economic Review, 1979, 69 (4): 670-672.

[198] WILSON R J. An examination of corporate tax shelter participants [J]. Accounting Review, 2009, 84 (3): 969-999.

[199] YOUNG M, REKSULAK M, SHUGHART W F. The political economy of the IRS [J]. Economics & Politics, 2001, 13 (2): 201-220.

[200] ZIMMERMAN J L. Taxes and firm size [J]. Journal of Accounting and Economics, 1983 (5): 119-149.